DAVIDE PAGNONCELLI

FIGLI FELICI A SCUOLA

**Come Migliorare L'Esperienza Scolastica
Dei Propri Figli Con L'Aiuto
Di Un Allargacervelli**

Titolo

"FIGLI FELICI A SCUOLA"

Autore

Davide Pagnoncelli

Editore

Bruno Editore

Sito internet

http://www.brunoeditore.it

Tutti i diritti sono riservati a norma di legge. Nessuna parte di questo libro può essere riprodotta con alcun mezzo senza l'autorizzazione scritta dell'Autore e dell'Editore. È espressamente vietato trasmettere ad altri il presente libro, né in formato cartaceo né elettronico, né per denaro né a titolo gratuito. Le strategie riportate in questo libro sono frutto di anni di studi e specializzazioni, quindi non è garantito il raggiungimento dei medesimi risultati di crescita personale o professionale. Il lettore si assume piena responsabilità delle proprie scelte, consapevole dei rischi connessi a qualsiasi forma di esercizio. Il libro ha esclusivamente scopo formativo.

Sommario

Introduzione   pag. 5

Cap. 1: Cosa fa un allargacervelli   pag. 11

Cap. 2: Un nuovo servizio psicologico nelle scuole   pag. 36

Cap. 3: Progetti realizzati con gli alunni   pag. 89

Cap. 4: Progetti realizzati con e per gli adulti   pag. 147

La parola ai presidi   pag. 165

Alcune proposte di esercitazione   pag. 171

Decalogo allargato del buon educatore e formatore   pag. 179

Conclusione   pag. 185

Ringraziamenti   pag. 188

Introduzione

Lo psicologo comincia dando... i numeri!

Da diciotto anni sono responsabile di un Servizio Psicologico in quattro scuole che fanno capo a un'unica struttura amministrativa. Credo che tale servizio sia più unico che raro in Italia: sia per ampiezza temporale di intervento (dal primo settembre al 30 giugno di ogni anno scolastico), sia per i diciotto anni di continuità progettuale, sia per la scansione oraria settimanale (di media almeno una mattina piena ogni settimana per ognuna delle quattro scuole, più eventuali riunioni pomeridiane o serali).
È un servizio diventato ormai... maggiorenne!

I quattro istituti, ognuno con la propria autonomia programmatica e didattica, comprendono i seguenti ordini di scuola: una dell'infanzia, due primarie, tre secondarie di primo grado e cinque licei (classico, scientifico, linguistico europeo, internazionale, scienze umane e, fino all'anno scorso, musicale). La popolazione scolastica è oscillata nel corso degli anni tra i 1.300 e i 1.700 alunni con relative famiglie di cui prendersi cura.

Ho effettuato più di 5.000 colloqui con gli alunni (mediamente almeno 300 ogni anno), più di 2.500 colloqui con i genitori (singoli o in coppia), non meno di 3.000 incontri con presidi e docenti (formali e informali, nei consigli di classe e nei collegi docenti, nella progettazione e conduzione dei vari progetti di istituto). A ciò va aggiunta la realizzazione di più di 100 progetti specifici, taluni innovativi. Alcuni di questi li illustrerò più avanti.

Oggi c'è molta confusione e molta disinformazione su cosa possa essere lo specifico dell'intervento psicologico e, ancor di più, su quale possa essere il ruolo dello psicologo a scuola.

Lo psicologo è spesso identificato con il dottore degli "svitati", portatori di qualche non meglio identificato "problema cerebrale". Appunto viene in gergo denominato "strizzacervelli". E perché non "allargacervelli"?

C'è chi, ancora oggi, pensa che lo psicologo intervenga, sia a scuola che in altri ambiti, esclusivamente o prevalentemente ove sussistano problemi, negatività, disturbi vari, comunque dove emerga qualcosa di patologico.

Invece, se l'uomo vuole essere felice, ha bisogno di essere preso in cura nelle parti sane di sé, non soltanto nelle parti cosiddette malate o disturbate. La parte "malata" a modo suo parla attraverso il sintomo, ma va ascoltato con cura tutto l'organismo, integralmente.

Il mondo sta diventando stretto, non tanto per la superficie delle terre emerse che è solo un terzo del pianeta, ma perché l'abbiamo ristretto noi con confini artificiali. Non si può neanche pensare di andare in certi posti, neppure in vacanza. E non solo per ristrettezze di tipo politico, ma anche sociali e culturali. Troppe persone costruiscono confini e limiti, sia fuori di sé che, soprattutto, dentro di sé.

Noi siamo più di quello che comprendiamo, noi sappiamo più di quello che capiamo. Il nostro cervello è intasato da idee di qualunque tipo, idee che spesso non hanno connessione con quanto è probabile e neppure con quanto è possibile. Anzi, frequentemente ci tagliamo – da soli – delle opportunità. Salvo pentircene, dopo!

I confini del nostro cervello sono più larghi di quanto pensiamo possano essere. Basta esercitare il cervello a essere largo, esercitarlo ad allargare i confini, esercitarlo ad andare oltre.
Perché noi abbiamo bisogno di creatività, di sensi aperti, noi abbiamo desiderio di spazi infiniti: l'infinito è inscritto in noi.
Ogni limite, ogni definizione, ogni ristrettezza, ogni grettezza crea disagio e, in aggiunta, non ci permette di renderci consapevoli che abituarsi al limite sterilizza la ricerca dell'infinito insito in noi.

Nel libro potrai trovare il racconto di parte della mia esperienza come psicologo scolastico, specializzato in psicoterapia e formato in arteterapia e teatroterapia, conoscere qualche progetto che ho realizzato (ovviamente con l'ausilio fondamentale di altre figure educative e di una struttura amministrativa molto disponibile), constatare quali progetti possano essere realizzati concretamente a scuola, prendere visione di alcuni strumenti utili per favorire un'evoluzione positiva dei bambini, dei ragazzi e degli adulti coinvolti (genitori, presidi, insegnanti, specialisti) e, infine, prendere visione del *Decalogo... allargato del buon educatore e formatore*.

Desidero che quanto so e ho realizzato possa essere utile a qualcuno.
Credo che la nostra individualità non possa essere completamente nostra, ma vada condivisa.
La cultura e la formazione, tantomeno la psicologia, non possono avere confini ristretti, forse neanche confini.
L'universo è molto largo, perciò allarghiamo il cervello.

Leggendo il libro, il lettore potrà scoprire con più precisione:
a) cosa chiedere a uno psicologo, in particolare a scuola;
b) quali progetti si possono realizzare con il coinvolgimento di presidi, insegnanti e lo psicologo della scuola;
c) conoscere richieste e vissuti significativi che gli alunni presentano alla scuola, agli adulti;
d) visionare alcuni strumenti utili per ricercare gli aspetti migliori dell'individuo o di un'istituzione;
e) esercitarsi con alcuni esercizi di consapevolezza di sé;
f) in quale modo chiedere di impostare, al di là della mia esperienza specifica, la strutturazione di un Servizio

Psicologico che offra continuità di intervento per aiutare meglio gli alunni a evolvere, evitando anche diciture inappropriate del tipo "sportello psicologico";

g) come sollecitare, da solo e/o in gruppi organizzati, il legislatore affinché venga istituito – finalmente – un "Servizio Psicologico Scolastico di Sistema" in tutta Italia.

Buon allargacervello a chi legge!

Capitolo 1:
Cosa fa un allargacervelli

Osservare, ascoltare, non giudicare, dare disponibilità, avere senso dell'humor, sognare, progettare...
Riporto brevissimi spezzoni di conversazioni svoltesi con alcuni ragazzi, seguiti da qualche considerazione.

Ragazzo: "Buongiorno dottore!"
Psicologo: "Buona giornata!"
R.: "Dottore, lei conosce per caso qualcuno di cui mi possa veramente fidare?"
P.: "Beh, sì, qualcuno lo conosco, ma non per caso, e non è stato facile trovarlo!"
R.: "Di lei mi posso fidare?"
P.: "Credo di sì, tocca a te mettermi alla prova! Sappi però che anch'io ho bisogno di sapere se di te mi posso fidare!"

Una delle richieste più frequenti che i giovani mi rivolgono –

esplicitamente o implicitamente – è legata al bisogno che gli adulti diano certezze, siano essi stessi certi, cioè affidabili, siano stabili senza essere rigidi e offrano fiducia concreta e tangibile.

La sperimentazione della fiducia crea un clima relazionale sereno, facilita le modalità di collaborazione (insieme per superare le difficoltà), favorisce l'emulazione più che la competizione e stimola la compartecipazione emotiva di gruppo.

In una società che dà molta importanza, a volte troppa, all'immagine, all'esteriorità, spesso vengono meno la fiducia e la certezza dell'autenticità delle persone. Non pochi si chiedono: "Sarà veramente lui (o lei), o è soltanto ciò che mi mostra?".

Alle nuove generazioni sovente viene attribuita una valenza di mercato, prima ancora che di identità; per esempio molti ragazzi possono disporre di parecchie cose prima ancora di averle desiderate.

Oggi abbiamo estrema necessità di "identità vere".

SEGRETO n. 1: se un soggetto non fa esperienza di persone di fiducia, difficilmente interiorizza autostima e valori positivi da

condividere comunitariamente.

Ragazzo: "Buongiorno!"
Psicologo: "Ciao, dimmi!"
R.: "Lei è uno strizzacervelli?"
P.: "Sì, così dicono, anche se io non strizzo il cervello di nessuno; di solito tento di allargarli... il mio cervello e quello altrui!"
R.: "Si è offeso se l'ho chiamata così?"
P.: "No, per così poco? È solo un termine, dipende dalla sostanza che sta nascosta dietro. Può essere un modo per sdrammatizzare la seriosità con cui qualcuno vede lo psicologo. In effetti molti problemi, molte nevrosi sono il frutto di un approccio all'esistenza troppo rigido e drammatico, senza, tra l'altro, che ciò contribuisca a risolvere le difficoltà. Del resto, hai notato che ridere, quindi sorridere, è tipico degli esseri evoluti?"
R.: "Tipico degli esseri evoluti?"
P.: "Hai mai visto un animale ridere? Ridere implica funzioni superiori, complesse e, cosa non secondaria, è piacevole, rilassante, fa bene al corpo e allo spirito!"

Per esperienza ho constatato che l'umorismo e l'autoumorismo sono segni di essenziali di buona salute mentale, ed è importante che vengano sviluppati nell'educazione, in specifico nella scuola.

Ragazzo: "Psico, posso raccontarti certe cose di me?"
Psicologo: "Dipende da te; se tu vuoi, io ci sono!"
R.: "Poi lei mi dà consigli?"
P.: "No, come prima cosa io solitamente ascolto, come seconda ascolto, come terza cerco di capire, come quarta tento di scambiare comunicazioni: idee, emozioni, vissuti..."
R.: "Secondo lei, c'è qualcuno a cui posso raccontare qualcosa di mio, intendo di molto personale, senza che giudichi e tiri subito le conclusioni?"
P.: "Certo che c'è! Cerca di scoprirlo tu! È una ricerca che ho fatto io stesso e che tuttora continuo a fare."

Emerge in questo caso il bisogno di adulti che ascoltino profondamente (secondo modalità passive e attive), che non giudichino prima (pre-giudizio) e che incoraggino l'espressione e la comunicazione del mondo interiore. Non pochi adulti, prima ancora di aver ascoltato, si predispongono a dare indicazioni e a tirare conclusioni affrettate e prefabbricate.

Talora gli adulti tentano fortemente di modificare la personalità dei bambini o dei ragazzi piuttosto che aiutarli a sviluppare interessi e punti di forza. Non vale forse la pena – prioritariamente – ascoltare i talenti dei ragazzi? Si possono notare alcuni indizi: il modo di giocare, cosa un soggetto dice e soprattutto cosa non dice, come si adatta a nuove situazioni, come affronta gli imprevisti. L'essere autenticamente ascoltati, quindi accettati, favorisce la riappacificazione con se stessi e con gli altri.

Ragazzo: "Dottore, mi toglie una curiosità?"
Psicologo: "Dimmi, se posso!"
R.: "Tutti dicono che devo essere più responsabile, che devo impegnarmi di più, che potrei fare di più..."
P.: "E con ciò?"
R.: "Però nessuno mi dice come fare, che cosa devo fare di preciso. Sa, il mio allenatore non mi dice solo che devo giocare meglio, mi fa vedere come si fa con una certa precisione."
P.: "Sai, è facile per tutti dire cosa deve fare un altro, molto più difficile è trasmettere i trucchi del mestiere: alcune persone sono gelose del loro sapere e non lo trasmettono, altre fanno ma non si fermano a riflettere sul motivo per il quale una cosa è andata bene

e un'altra storta, altre non hanno tempo o voglia di tramandare alcune metodologie, altre ancora trasmettono bene e con precisione ma con finalità criminali o illegali. C'è infine parecchia gente che invece si pone il tuo interrogativo: come, nello specifico, trovare metodi, strategie, idee, trucchi, scorciatoie per realizzare meglio alcune cose?"

Nella mia professione non raramente mi viene richiesto, oltre alla trasmissione dei saperi, che vengano tramandate metodologie, strategie per orientarsi nel mondo e affrontare in modo più funzionale i momenti critici. L'attenzione alle metodologie, ai sistemi rappresentazionali di ognuno e agli stili cognitivi di apprendimento facilita la trasmissione dei contenuti fondamentali della formazione. È importante puntare sul fare, ma soprattutto sul come fare, sulle metodologie realizzative.

Ragazzo: "Salve psicologo!"
Psicologo: "Dimmi!"
R.: "Se dipendesse da lei cosa cambierebbe del mondo?"
P.: "Accidenti... che domandina! Non pretenderai che me la cavi con una... rispostina! Se vuoi ne parliamo, ma servono un po' di

'puntate' e non poco tempo. Comunque qualcosa ti dico ora: io incoraggerei di più i sogni, la parte più creativa e intuitiva di noi stessi."

Il sogno è un'intuizione, un'emozione, è qualcosa che si rivela creativamente, è senza parole ma comunica. "So che è così; anche se non comprendo appieno, però lo sento!" Chi nella propria esistenza non ha mai detto o pensato qualcosa di simile? I sogni spesso spingono verso un destino percepito come personale, spesso non viene compreso a fondo se non dopo un po' di tempo. D'altronde quale artista comprende il valore di un'opera d'arte prima di averla realizzata?

Anche in numerosi testi delle varie religioni il sogno indica la direzione di un progetto, spinge a una decisione. I sogni infondono più forza per affrontare le difficoltà esistenziali, aiutano a vivere più felici, stimolano la progettualità personale e sociale.
Il sogno ci rende più fluidi di fronte ai cambiamenti, invece che restare imprigionati da paure, rabbie inespresse o depressioni.
Ogni individuo possiede almeno un sogno: questo andrebbe incoraggiato e coltivato perché è un ponte verso il futuro.

Gli adulti possono insegnare a sognare con la mente aperta e i piedi ben saldi per terra? Il sogno allarga la mente, aumenta la fiducia, fa emergere la speranza e aiuta la condivisione positiva nell'amicizia e nell'amore. I sogni sono necessari per l'individuo.

Un po' della mia storia
Anni fa ho ricevuto la proposta di gestire un Servizio Psicologico in una struttura amministrativa, l'Opera Sant'Alessandro di Bergamo, nella quale sussistevano quattro scuole con radici differenti e con una popolazione scolastica molto variegata.
All'inizio l'incarico un po' mi spaventava: nessun canovaccio definito, nessuna articolazione precisa mi guidava con alunni, genitori e insegnanti, se non la mia precedente esperienza scolastica e terapeutica.

Il rapporto tra psicologia e scuola era – ed è tutt'ora – costellato da molteplici esperienze e progetti interessanti, ma slegati tra loro. Mai complessivi, mai di sistema. Diciotto anni fa la figura di "psicologo scolastico di sistema" non esisteva ancora, neppure era regolamentata in modo puntuale. Neppure è regolamentata tuttora. E dovevo tener ben presente che l'istituzione scolastica era – ed è

– un sistema complesso, con implicazioni di relazioni, di ruoli, di burocrazia, di aspetti educativi e sociali piuttosto delicati e complessi.
E poi che "spazio di manovra" avrei avuto in un organismo scolastico?

Per di più avevo tagliato i ponti con il mio passato lavorativo: mi ero dimesso da un posto di docente-formatore a tempo indeterminato con il quale sarei arrivato senza grossi problemi alla mia tranquilla pensione.
Avevo accettato un incarico sperimentale con tutti i rischi che comportava. Avrei potuto anche non essere riconfermato nel corso degli anni: ero senza paracadute. Mi sono anche detto: "Davide, o sei stupido o sei pazzo!".
Mi sono però risposto che volevo e, soprattutto, desideravo iniziare e continuare.

Mi sono anche ripetuto: "Non è quello che volevi da piccolo? Non volevi aiutare le persone? Non hai fatto di tutto – educatore, assistente sociale, animatore, formatore, docente – per prenderti cura delle persone da un punto di vista professionale?".

"Sì, certo," mi sono risposto "ma qui ci sono alunni dalla scuola dell'infanzia al liceo, ci sono genitori con figli piccolissimi e genitori con figli maggiorenni, la tipologia degli insegnanti è molto differenziata per preparazione, esigenze, obiettivi, ci sono famiglie unite e famiglie conflittuali, ci sono presidi con stili di direzione diversi, ci sono esigenze burocratiche e legali che si impongono."
Un po' mi tremavano i polsi, però mi misi all'opera… nell'Opera Sant'Alessandro di Bergamo.

Mi sono ricordato una frase che spesso mi ripeteva mio bisnonno, morto a centouno anni quando io ne avevo dodici. Penso me l'abbia detta quando frequentavo la quarta o la quinta elementare: "Ricordati Davide, c'è sempre da imparare da qualunque cosa, da *qualunque* cosa".
Quella frase improvvisamente mi risuonò in testa, con quel tono normale ma convincente con cui era stata formulata da un uomo di quasi cent'anni. Allora mi dissi: "Vai, Davide! Impara, osserva e impara! Dopo interverrai, se è il caso, con modalità opportune".

E ho chiesto, ho notato, ho visto, ho percepito tutto ciò che mi era possibile. Ho cercato di ascoltare molto, soprattutto senza orecchie, attraverso quello che poteva percepire il mio cuore. Ho esplorato parecchi aspetti delle logiche scolastiche, plurimi chiaroscuri dell'interiorità delle persone o dei gruppi. Ho fatto il peripatetico in ogni momento, appena ne avevo occasione, con l'obiettivo di capire, di essere utile e di intervenire con migliore centratura. Quante camminate un po' dappertutto potrei menzionare, sia in contesti formali che informali!

SEGRETO n. 2: è negli interstizi delle organizzazioni, è negli anfratti delle persone che si connettono relazioni, si intessono condivisioni, spesso apparentemente casuali. Come d'altronde è nelle pause dei convegni che sbocciano emozioni, idee o relazioni significative e pure si scambiano indirizzi forieri di prospettive.

Molte cose mi sono sfuggite oppure ho dovuto lasciar scorrere, molte altre mi hanno offerto preziosa esperienza di vita.
Ho scoperto bambini e ragazzi incredibilmente maturi e consapevoli, al di là dell'età cronologica. Per esempio, un ragazzo appena adolescente mi confidava: "Sa, mio papà è ancora un adolescente", ma lo affermava con tono di positiva accettazione,

senza sminuire suo padre, anzi semplicemente accettandolo per come era. Da lì è partito, siamo partiti per coinvolgere la sua famiglia e attivare un percorso educativo.

Ho conosciuto insegnanti maestri di vita, che non si limitavano a far apprendere la loro materia, ma vivevano ciò che insegnavano, semplicemente: così sono diventati modello e stimolo per i ragazzi.

Ho incontrato genitori con in quali abbiamo realizzato progetti stupendi e innovativi e che sono stati disponibili da molti punti di vista. Con un gruppo ci siamo perfino ritrovati periodicamente per cinque anni, in orario serale, in un locale di Bergamo per una pizzata "ludico-formativa", organizzando momenti educativi e sociali, sia all'interno della scuola che in sedi esterne. Per esempio, una domenica abbiamo condiviso una giornata di giochi e di riflessioni tra genitori, ragazzi e bambini in un rifugio alpino con ampi spazi e campi da gioco: dato che eravamo in 103 partecipanti, l'abbiamo chiamata "la carica dei 103"!

Ho lavorato con presidi che mi hanno consentito un ampio raggio d'azione, creandomi fiducia attorno.

Ho collaborato anche con il personale amministrativo e ausiliario, sì, ho letteralmente collaborato con qualcuno di loro che, con discrezione e molto buon senso, ha portato alla mia attenzione elementi preziosi dei ragazzi e del personale scolastico.

Purtroppo ho anche dovuto, non raramente, alzare bandiera bianca di fronte a situazioni personali, familiari o sociali all'interno delle quali gli adulti si sono irrigiditi, o pervicacemente non sono stati disponibili a nessun tipo di cambiamento, a nessun ascolto di cuore. In tal caso ho accettato di essere impotente. D'altronde, i desideri di onnipotenza ormai li avevo abbandonati a partire dall'età adolescenziale.
Per esperienza ho imparato che è meglio rinunciare a fare quello che non è possibile fare. Se si accetta di essere impotenti in alcune cose, si convoglia più energia su quanto è possibile ottenere.

Ero finito lì, credo, anche per la mia storia di vita fino a quel momento.
Sono nato da una famiglia semplice e onesta, io ero il primogenito e mia mamma ha sempre dovuto badare ad altri sei figli, l'ultimo dei quali affetto da sindrome di Down. Fin da piccolo ho dovuto,

come si suol dire, arrangiarmi da solo in quasi tutto, e ricordo che i miei desideri erano principalmente due: aprire la mia mente esplorando il mondo, non solo geograficamente, e aiutare gli altri, anche se non potevo ancora immaginare in quale modo.

Solo dopo i trent'anni mi sono ricordato di ciò che desideravo veramente e ho capito perché mi aveva sempre colpito una frase attribuita a Einstein: "La mente è come il paracadute, funziona se si apre". Per questo motivo mi hanno sempre sedotto persone, ambienti e scritti (da accanito lettore) che stimolavano a essere sanamente curiosi, a esplorare luoghi, cose e soprattutto persone.

Ho incrociato persone semplici, con un piccolo titolo di studio, ma con mente e cuore grande. Mi sono imbattuto in persone plurilaureate ma monocordi, piene solo di sé, con attorno il deserto.

Navigare nell'oceano della vita non mi è mai stato facile. Tra le tante situazioni vissute riporto solo due esperienze.
La prima è quella di aver transitato, appena dopo i cinquant'anni, all'interno di vari cicli di chemioterapia per un linfoma: in quei momenti ho visto la morte in faccia, con tutto quanto si può

immaginare che ciò comporti.

La seconda è legata a una causa civile intentata da uno dei miei cognati per questioni ereditarie: io e mia moglie, per più di vent'anni, abbiamo dovuto subire cose impensabili. Io solo, e quanti hanno vissuto esperienze simili, so cosa significhino la lentezza, le disfunzioni, i paradossi e gli assurdi dell'apparato giudiziario italiano.

Però, come scrive Nietzsche: "Ciò che non ti distrugge, ti fortifica". Facile ora a dirsi, ma è stata dura, molto dura. Anche da un punto di vista economico le nostre finanze familiari si erano ridotte, per un periodo, quasi a zero, con rischi concreti legati ad aspettative nefaste per il futuro.

SEGRETO n. 3: come diceva Gandhi, "finché porterai un sogno nel cuore, non perderai mai il senso della vita". Avere un sogno stimola a realizzare un obiettivo e aiuta a superare tante difficoltà o frustrazioni.

E così, cara lettrice e caro lettore, ti ho raccontato in breve come sono diventato "allargacervelli". Prima di continuare, però, per illustrarti cosa può fare uno psicologo a scuola, preciso un paio di punti importanti.

Educare alla felicità
"Se vuoi costruire una nave, non radunare tutti gli uomini per raccogliere la legna, preparare gli attrezzi e suddividere il lavoro e i compiti, ma insegna loro che cosa significano il desiderio e il gusto del mare infinito." (Antoine de Saint-Exupéry)

Puoi fare qualsiasi cosa, puoi realizzare progetti stupendi, ma se non sei felice che hai ottenuto? Puoi avere fama, soldi, attenzione e quant'altro, ma se non sei felice dentro che hai ottenuto?
Hai imparato a essere felice o infelice? Ti hanno fatto imparare a essere felice o infelice?

È ovvio che nessuno desideri essere infelice, a parole. Però, nella nostra realtà chi è infelice e triste – perfino chi "rompe" – ha molta più attenzione di chi è felice, di chi si sente realizzato. Spesso chi sta male – e non gli fa certo piacere – ha il vantaggio di avere più attenzione, di sentire la simpatia altrui, talora di trovare chi lo accudisce. Un ragazzo molto acuto di un liceo mi confidava nel suo tipico linguaggio adolescenziale: "Se voglio che qualcuno a casa mi caghi, devo combinare qualcosa. Se faccio bene le cose non se ne accorgono o mi dicono che è il mio dovere, lo danno per scontato".

Capita non di rado: pochi badano a chi è soddisfatto, a chi realizza con gioia i propri progetti, a chi è felice. Anzi, chi è felice suscita gelosia, dà quasi fastidio. L'infelicità e la tristezza danno il vantaggio, pagato a caro prezzo, dell'attenzione e della considerazione altrui. Per cui molti bambini e ragazzi imparano, pur essendo controproducente, a essere infelici, oppure, come mi diceva un ragazzo di dodici anni, a essere "felice fino a un certo punto, non troppo": non poteva permettersi di esprimere la sua felicità appieno.

Un bambino di circa dieci anni ha precisato in risposta a una mia domanda: "Non sono felice del tutto… Sì, dai, sono molto contento, ma non lo dica a mia mamma, se no non mi viene più a prendere alle quattro del pomeriggio, e mi lascia al doposcuola fino alle sei".

Un genitore ha detto durante un incontro: "In questo periodo va molto bene, sono contentissimo, però mi sembra strano... non è che mi succederà qualcosa di brutto?". Temeva di godersi la felicità, doveva espiare il fatto di essere felice?

Un altro esempio: quando ho progettato, assieme a un attore e alla preside di un liceo linguistico, un seminario sull'umorismo e la risata nell'educazione, abbiamo notato in alcuni partecipanti il timore di lasciarsi andare: ridevano controllandosi, arrivavano fino a un certo punto, perfino i sorrisi erano di circostanza.
Successivamente, sia nel seminario dedicato agli alunni che a quello dei genitori, molti hanno imparato a ridere di gusto, a ridere di pancia, a non temere la propria allegria, anzi a contagiare gli altri. Hanno scoperto che ridere sanamente è una cosa... seria, e importante.

Gli educatori, i docenti, i genitori, lo psicologo possono essere generatori di felicità!

SEGRETO n. 4: un ragazzo felice è uno studente migliore. Generare felicità è uno dei compiti vitali di ognuno, in

particolare dei genitori e dei formatori. E la psicologia può offrire un contributo importante.

Cosa chiedere e cosa aspettarsi da uno psicologo, in particolare a scuola?

- Che sia peripatetico, che cammini, che si alzi dal proprio studio e si immerga nel contesto, valorizzando anche i momenti informali, assolutamente preziosi.

- Che abbia flessibilità e capacità di adattamento.

- Che sia portatore di senso dello humor; la troppa serietà non è funzionale dal punto di vista educativo. Ovviamente va mantenuto il focus sulle varie questioni.

- Che abbia capacità di empatia, sensibilità emotiva.

- Che abbia genuina intelligenza sociale e sentimento sociale, cioè sia al servizio funzionale dell'istituzione, delle dinamiche di gruppo.

- Che sia immune da narcisismo e protagonismo, perché è al servizio dell'evoluzione positiva del sistema in cui opera. Lo psicologo dovrebbe essere come il cemento armato, c'è ma si nota poco; il che non esclude che possa essere un buon protagonista.

- Che sia preparato culturalmente e professionalmente: ovviamente è essenziale che possieda una laurea e una specializzazione post-laurea specifica. Queste qualifiche, però, non sono assolutamente sufficienti, sono solo le fondamenta: senza le fondamenta l'edificio non tiene, ma le fondamenta non sono l'edificio. Ci deve essere forte motivazione a un continuo aggiornamento personale e professionale – non solo formale – e la disponibilità a farsi coinvolgere in esperienze formative originali e creative. Appunto perché lo psicologo deve allargare il proprio cervello prima di cercare di allargare quello degli altri.

- Che desideri "mettere le mani in pasta", "sporcarsi le mani" nel quotidiano, partecipando in concreto ai progetti, senza troppe teorizzazioni.

- Che abbia un'età adeguata e abbia sufficiente esperienza.

- Che la dicitura per la scuola sia "servizio psicologico" e non "sportello psicologico", terminologia quest'ultima fredda, burocratica e impersonale.

I compiti di un "Servizio Psicologico di Sistema"

- Orientamento degli alunni per favorire una migliore conoscenza di sé e stimolare uno sviluppo gratificante delle capacità personali.

- Consulenza individuale, di coppia o familiare per precisare e ricercare strategie utili ad affrontare alcune problematiche.

- Formazione di psicologia sociale e dell'educazione per i genitori, attuata con lavori di gruppo e con l'utilizzo di metodologie attive.

- Collaborazione con dirigenti, presidi, docenti e consigli di classe, per approfondire la conoscenza delle situazioni di disagio evolutivo degli alunni e per ricercare metodologie che favoriscano l'apprendimento e la crescita personale.

- Intervento nelle classi o in piccoli gruppi su tematiche concordate, con l'obiettivo di incoraggiare una maturazione individuale positiva, di sviluppare il sentimento sociale e di ricercare valori comuni di riferimento.

SEGRETO n. 5: se vuoi intervenire più efficacemente – per quanto è ovviamente possibile – allarga il campo d'azione, amplia il tuo punto di vista, immagina oltre il solito prevedibile. Prenditi cura anche del contesto, delle istituzioni: sarà certamente più complesso, ma coinvolgerai più ambiti e più persone: diventerai più incisivo!

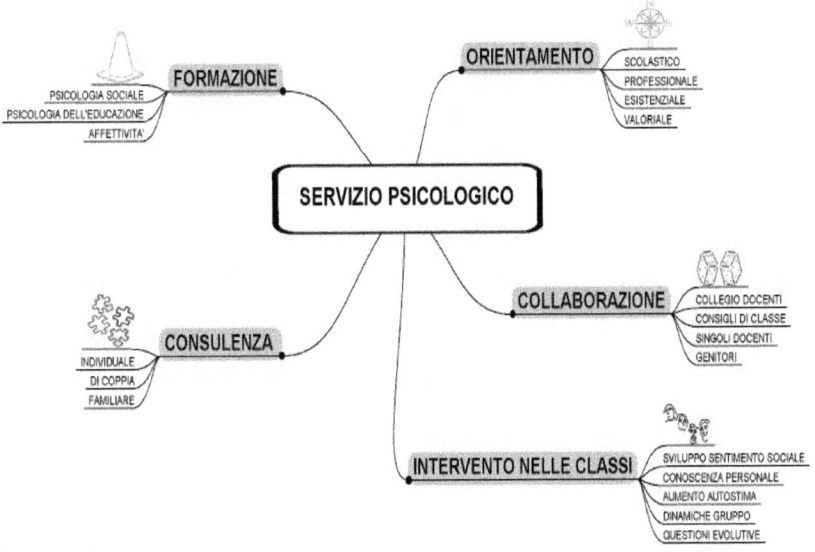

RIEPILOGO DEL CAPITOLO 1:

- SEGRETO n. 1: se un soggetto non fa esperienza di persone di fiducia, difficilmente interiorizzerà autostima e valori positivi da condividere comunitariamente.
- SEGRETO n. 2: è negli interstizi delle organizzazioni, è negli anfratti delle persone che si connettono relazioni, si intessono condivisioni, spesso apparentemente casuali. Come d'altronde è nelle pause dei convegni che sbocciano emozioni, idee o relazioni significative e pure si scambiano indirizzi.
- SEGRETO n. 3: come diceva Gandhi, "finché porterai un sogno nel cuore, non perderai mai il senso della vita". Avere un sogno stimola a realizzare un obiettivo e aiuta a superare tante difficoltà o frustrazioni. Il sogno stimola e indirizza il cammino, conduce al senso della vita.
- SEGRETO n. 4: un ragazzo felice è uno studente migliore. Generare felicità è uno dei compiti vitali di ognuno, in particolare dei genitori e dei formatori. E la psicologia può offrire un contributo importante.
- SEGRETO n. 5: se vuoi intervenire più efficacemente – per quanto è ovviamente possibile – allarga il campo d'azione,

amplia il tuo punto di vista, immagina oltre il solito prevedibile. Prenditi cura anche del contesto, delle istituzioni: sarà certamente più complesso, ma ti consentirà di coinvolgere più ambiti e persone: diventerai più incisivo!

Capitolo 2:
Un nuovo servizio psicologico nelle scuole

Criteri di riferimento
Il Servizio Psicologico cerca di privilegiare, individualmente o in gruppo, il "lavoro sulla relazione" docente-alunno, genitore-figlio, docente-genitore.

Per quanto riguarda gli alunni va tenuto presente non solo il raggiungimento o meno degli obiettivi di tipo cognitivo, ma anche l'evoluzione socioaffettiva, ovviamente rapportata ai tempi e ai mezzi a disposizione.
È assodato, infatti, che chi ha problemi emozionali dispone in minor misura di energie psichiche e di motivazione ad apprendere i contenuti scolastici richiesti, in quanto l'attenzione è deviata sui conflitti intrapsichici e/o sui rapporti interpersonali non soddisfacenti.

Recenti indagini sui valori di riferimento di italiani ed europei mettono l'accento sulla rilevanza degli aspetti espressivi e relazionali anche nella vita professionale.

La compartecipazione sociale di emozioni e di sentimenti è essenziale per l'evoluzione completa della persona. Non si può educare senza metterci emozioni e compartecipazione emotiva. Non è sufficiente trasmettere informazioni e insegnare, bisogna tener conto delle variabili socioaffettive, educare anche l'intelligenza emotiva e il sentimento sociale.
Quanto sopra è senz'altro scontato teoricamente, ma la traduzione operativa è piuttosto impegnativa e difficoltosa.

È importante che lo psicologo, nella scuola, abbia meno il ruolo di colui che interviene direttamente e prevalentemente sui "casi specifici" (cosa spesso impossibile e infruttuosa per esigenze di tempo) e più di colui che si focalizza su alcuni aspetti cruciali dal punto di vista comunicativo, sociale, emotivo, organizzativo e didattico per favorire – dal proprio punto di vista – i cambiamenti possibili o l'eliminazione di talune interferenze che frenano l'apprendimento e la maturazione globale degli alunni. Ciò anche con l'obiettivo di valorizzare il più possibile le risorse umane già esistenti all'interno del contesto scolastico.

La modifica di alcune modalità di comunicazione e di organizzazione tra docenti, tra docenti e famiglia e tra docenti e istituzione scolastica, come pure l'introduzione di alcune metodologie relazionali e didattiche, può attenuare alcuni comportamenti disturbanti degli alunni.

Metacomunicare, ad esempio, sulle dinamiche del gruppo-classe e sulla relazione con i docenti può risultare proficuo per molti alunni.

Penso, perciò, che debba essere privilegiato l'intervento di osservazione e di verifica con i consigli di classe e con gruppi di docenti e/o genitori interessati a monitorare percorsi formativi precisi, continui e rispettosi delle reciproche competenze e ruoli.

Occorre approfondire un'integrazione di prospettiva: dall'ascolto dei problemi dei ragazzi e della scuola, all'ascolto del ragazzo e della scuola nelle specifiche dinamiche e caratterizzazioni personali e creative.

Non basta affrontare solo problemi, quindi, ma è essenziale favorire progetti, relazioni significative e far venire alla luce potenzialità nascoste.

Ritengo più funzionale intervenire in un'ottica di psicologia della salute in senso olistico e, conseguentemente, strutturare un Servizio Psicologico che affronti soprattutto gli aspetti evolutivi e positivi degli individui e dell'organizzazione. In caso contrario, si rischia di dover rincorrere esclusivamente i problemi che sorgono.

Invece di puntare l'attenzione solo sulle carenze degli individui e delle organizzazioni, sul disagio e sulle disfunzioni, programmando solo attività di riparazione, di recupero e di compensazione, è senz'altro più opportuno, più funzionale e più gratificante focalizzarsi su risorse, potenzialità, competenze, disponibilità e progetti concreti.

Il tutto è importante che sia realizzato con costanza, precisione e sistematicità, secondo una logica di incoraggiamento e di assunzione di responsabilità personali e istituzionali.

SEGRETO n. 1: è preferibile sostituire alla diagnosi degli errori, che richiama la conseguente calendarizzazione delle negatività, la diagnosi dei punti di forza e il monitoraggio delle positività concrete.

La psicologia al servizio della scuola

"Un soggetto ostile non impara nuove forme di adattamento perché impiega le emozioni per bloccare i suoi processi di apprendimento." (Rudolf Dreikurs)

Lo psicologo a scuola interviene sui parametri, sugli elementi e sulle variabili che favoriscono o potrebbero favorire l'efficacia dei processi formativi e educativi: assieme ad altre figure educative, egli cerca di sollecitare la scuola a "creare cultura" collegandosi anche alle differenze individuali, allo sviluppo potenziale di ognuno, ai vari stili di apprendimento. In tal senso lo psicologo ricerca, per quelle che sono le proprie competenze e il ruolo specifico, quanto potrebbe ottimizzare il processo di apprendimento individuale e comunitario, con particolare attenzione rivolta ai vissuti individuali e alle dinamiche interpersonali.

È naturale che l'intervento si concretizzi a seguito di un bisogno o di una domanda, senza alcuna azione impositiva o prescrittiva.
La compartecipazione di obiettivi e di progetti con altre figure formative all'interno e all'esterno della scuola è un punto di

partenza fondamentale.

Il Servizio Psicologico è basato, quindi, sulla domanda e sui bisogni delle varie componenti della comunità scolastica.

Lo psicologo interviene sull'individuo, ma l'attenzione è posta maggiormente sulla relazione tra l'individuo e il contesto scolastico ed extrascolastico. Anche quest'ultimo, infatti, può assumere una valenza formativa importante: per esempio, il soggetto potrebbe coltivare un hobby, un interesse, un'abilità che lo entusiasma e che si potrebbe, ovviamente in diversa misura, utilizzare anche per favorire l'apprendimento scolastico.

Nell'interazione tra l'individuo e il contesto l'intervento dello psicologo può riferirsi ai processi relazionali (con implicazioni cognitive e affettive), agli aspetti organizzativi (norme esplicite e implicite), alle connotazioni psico-culturali (valori, modi di pensare), alla specificazione degli stili di vita (personali, familiari o di gruppo).

Conoscere l'alunno al di là delle singole materie può risultare determinante per favorire l'orientamento a livello scolastico, esistenziale e valoriale.

In caso contrario alcuni alunni potrebbero trovarsi in difficoltà di fronte alle offerte formative della scuola, percepite più come una parcellizzazione del sapere e come un puzzle difficile da ricostruire piuttosto che come proposte unitarie e coerenti.

L'intento non è tanto di lavorare nella scuola, ma di lavorare per la scuola e per la comunità, favorendo – per quanto possibile – un'evoluzione armonica delle persone.

Stili cognitivi e apprendimento
"Il vero viaggio di scoperta non consiste nel cercare nuove terre, ma nel vedere con occhi nuovi." (M. Proust)

È funzionale proporre lo stesso tipo di lavoro a un gruppo senza considerare le varie caratterizzazioni e l'individualità degli alunni?
È vantaggioso dal punto di vista relazionale e didattico pretendere da tutti la medesima risposta o una risposta con le medesime modalità?
È gratificante per un professionista dell'educazione non tener conto di come gli alunni percepiscono e "costruiscono" la realtà, di come la rielaborano e in che modo essi apprendono?

Ci sono varie modalità di comunicazione, di pensiero e di sistemi rappresentazionali. Ciò non vuol dire che gli educatori debbano dividersi in varie parti o, cosa impossibile, proporre un contenuto o un messaggio in modi diversi e successivi. È funzionale, invece, variare parecchio le attività proposte e il modo di presentarle, considerando anche le variegate modalità di verifica e di valutazione.

È opportuno l'utilizzo di codici plurimi (gestuale, verbale, musicale, iconico, matematico...) in relazione anche alle intelligenze specifiche.
È ormai assodato, per ora più teoricamente che operativamente, che non si debba più parlare di intelligenza al singolare, ma di intelligenze al plurale, di *intelligenze multiple*. La ricerca psicologica e pedagogica evidenzia, in particolare, le seguenti forme di intelligenza:

- *linguistica* (padronanza nell'uso del linguaggio),
- *logico-matematica* (valutazione e confronto di oggetti e astrazioni specifiche),
- *spaziale* (correlata alla percezione, all'organizzazione e alla movimentazione nello spazio),

- *cinestetica* (collegata ad abilità psico-corporee),
- *musicale,*
- *intrapersonale* (introspettiva),
- *interpersonale* (specificità comunicative),
- *naturalistica* (riconoscimento e categorizzazione della natura),
- *esistenziale* (rivolta ai quesiti fondamentali dell'esistenza).

In altre parole, nessuno apprende soltanto in un modo; ognuno impara in vari modi. Nell'operatività educativa non esistono soluzioni precostituite, né applicabili pedissequamente o automaticamente.

Concretizzare l'assunto della centralità della persona comporta una grossa sfida culturale e educativa di fronte all'unicità e irripetibilità di ognuno e alle correlate peculiarità dell'ambito familiare.

L'immaginazione credo possa mettersi al servizio della conoscenza e delle intelligenze per ideare percorsi nuovi e innovativi.

Quanto più si considerano le varie modalità di apprendimento e le caratteristiche specifiche dell'intelligenza personale, tanto meglio si favorisce l'evoluzione dei figli o, per gli insegnanti, degli alunni.

Lo sviluppo del sentimento sociale
"Il sentimento sociale è il barometro della normalità." (Alfred Adler)

Prendo spunto da un racconto. Tre uomini decisero di scavare un pozzo e ognuno scavò in posti diversi. Il primo scavò trenta metri, il secondo cinquanta e il terzo venti; non trovando tracce d'acqua, smisero e cominciarono a litigare su chi avesse scavato di più e nel posto migliore. Alla fine essi abbandonarono l'impresa, scoraggiati e amareggiati, imprecando contro gli altri e contro la sorte. La profondità complessiva dei tre pozzi scavati aveva raggiunto i cento metri: se avessero trovato il modo di cooperare con pazienza e, soprattutto, se avessero scavato in un posto solo, avrebbero trovato la falda d'acqua a settanta metri, e avrebbero faticato di meno!

Una delle sfide formative della scuola è relativa alla capacità di evidenziare come tutti i saperi possano contribuire alla costruzione di un progetto di comunità che non sia solo un coacervo di esigenze singole in concorrenza tra loro. L'educazione è anche un'offerta di relazioni significative da costruire attraverso ciò che l'adulto presenta di sé, come punto di riferimento, come dimostrazione precisa di valori condivisi.

In effetti il processo di imitazione dell'adulto, di irradiazione interiore, risulta essere solitamente più efficace di molte prediche. Verifico non poche volte che i ragazzi spesso non ascoltano, ma imitano moltissimo gli adulti; al di là delle contrapposizioni comportamentali e dei contrasti.
Anche il mondo del lavoro richiede persone che, oltre alle ovvie e necessarie competenze tecnico-professionali, abbiano una personalità affidabile, sappiano lavorare in gruppo e posseggano abilità di problem solving di fronte ai cambiamenti.

Parecchie esperienze italiane ed estere hanno strutturato e sperimentato percorsi precisi e collaudati di sviluppo del sentimento sociale e di valutazione formativa comunitaria, in collegamento, ovviamente, all'usuale apprendimento individuale e al potenziamento della responsabilità personale.
L'apprendimento diventa maggiormente gratificante se incoraggia relazioni di fiducia tra le persone e comunicazioni compartecipate, all'interno delle quali ognuno si fida dell'altro e gli viene

riconosciuto un ruolo positivo.

Educare incoraggiando
"Il bambino è il padre dell'uomo." (Alfred Adler)

Troppe persone hanno poca consapevolezza delle loro qualità e delle loro risorse, non si sentono sicure del proprio valore e non hanno sufficiente fiducia in se stesse; hanno appreso che "non sono abbastanza", che "non valgono abbastanza". Perciò, esse sono tese alla dimostrazione di essere adeguate, di contare qualcosa.
La coscienza del proprio valore non è una dote di natura, ma si acquisisce gradualmente con l'esperienza e con la sperimentazione concreta della propria forza positiva e della propria sicurezza.

Colui che fin da piccolo ha esperito il proprio valore, colui che ha percepito, prima in famiglia e poi nei vari contesti relazionali, che è amato senza condizioni (cioè per quello che è), colui che porta in dote riconoscimenti, incoraggiamenti e conferme positive costruisce una personalità sicura, presenta buona autostima e sviluppa attività a favore della comunità.

SEGRETO n. 2: i due pilastri di una personalità felice e

autonoma sono buon livello di autostima e soddisfacente sviluppo del sentimento sociale. In tal modo l'individuo cresce e fa crescere la società.

Princìpi, valori e modalità concrete di educazione possono sollecitare l'emersione dei pregi di ognuno, stimolare a comunicare bisogni, emozioni e idee, incoraggiare la realizzazione di progetti e di sogni, favorire la ricerca e la creatività. In caso contrario prevarrà un'educazione fondata prevalentemente sulla critica negativa, sulla punizione, sull'esecuzione meccanica di compiti e schematismi emotivamente freddi e avulsi dalla caratterizzazione dell'individuo e del gruppo di appartenenza.

Incoraggiare è trasmettere all'altro la fiducia che potrà fare, che potrà realizzare; non basta che ci creda solo l'educatore, occorre che l'alunno percepisca, creda e senta che sarà possibile evolvere in proprio.
La seguente affermazione di una docente rivolta a una ragazza mi sembra significativa: "So che ci sei, posso aspettare!". E poco dopo la docente aggiungeva: "Ricordati però che anch'io ci sono, se ne hai bisogno!".

L'incoraggiamento è una potente apertura mentale, è un'infusione di speranza per il futuro.
Soluzioni precostituite, fotocopiabili o in serie non esistono, però si possono considerare alcuni punti.

- Aprire un confronto su qualunque tematica con chiarezza e precisione, senza pregiudizi e preliminari di rimprovero.

- Sperimentare connessioni nuove e collaborazioni più incisive tra educatori, sia in senso qualitativo che quantitativo, senza gelosie reciproche, presunte esclusive o narcisismi inconcludenti.

- Ipotizzare percorsi formativi non usuali e più creativi, rivolti agli adulti e ai giovani. Come educatori è importante dimostrare disponibilità al monitoraggio concreto e al confronto ricorrente per valorizzare quanto di positivo è stato fatto o si sta facendo. Non raramente chi fa e fa bene è scoraggiato perché non è valorizzato e riconosciuto positivamente.

- Analizzare gli aspetti positivi delle persone che hanno realizzato progetti significativi, specificando strategie e metodologie che funzionano, con l'intento di trasferire risorse e potenzialità in altre situazioni.

SEGRETO n. 3: nell'ambito dell'educazione occorre cambiare il punto di partenza: non considerare esclusivamente la patologia, centrata sul negativo, su ciò che non va, ma privilegiare un'ottica "geniale", centrata sul positivo, sul "genio che sa fare", per attingervi strumenti e indicazioni concrete, metodologie evolutive per tutti.

Compartecipazione emotiva in famiglia e a scuola
"Diciamo quello che sentiamo, non quello che dovremmo dire."
(William Shakespeare)
"Mi hai fatto venir voglia di essere un uomo migliore." (Dal film *Qualcosa è cambiato*, frase di un uomo verso l'amata)

La spiegazione non è solo qualcosa da memorizzare, da ascoltare (secondo sistemi rappresentazionali uditivi) ma è dimostrazione, è esperienza, è qualcosa di dialogico, è ricerca insieme, è una relazione in cui si trasmettono valori di riferimento e criteri metodologici.

L'apprendimento è ben più che una semplice trasmissione di contenuti: è uno scambio con ascolto e confronto, è un rapporto interpersonale, è un incontro di persone con le proprie storie, è narrazione di esperienze altrui e proprie.
In tal modo il tutto può diventare biografia personale e personalizzata.

Un'educazione e un sapere fondati solo sulla trasmissione, sulla classificazione e sulla riproduzione di qualcosa di già fatto appaiono freddi. Un'educazione e un sapere più dialogici e compartecipativi appaiono piene di calore, più coinvolgenti. Anche la felicità è completa se si realizza con gli altri, se diventa sociale.

Quando un ragazzo afferma: "Non so mai bene chi ho davanti" (riferendosi ad alcuni adulti che in ambito familiare e sportivo presentavano facce diverse e non coerenti, a seconda delle circostanze), evidentemente qualsiasi contenuto che si vuol trasmettere perde di mordente, e ha un basso o nullo impatto educativo.

Scriveva Lope De Vega nel XVII secolo: "Se fossi re, istituirei cattedre per insegnare a tacere". Tacere ascoltando, per parlare, poi, al cuore.
Talora gli adulti parlano troppo e ascoltano troppo poco ciò che vive nell'interiorità dei bambini e dei giovani.

Quale orientamento?
"Il principale compito dell'uomo nella vita è dare alla luce se stesso." (Erich Fromm)
"Non si deve giudicare il merito di un uomo dalle sue grandi qualità, ma dall'uso che ne saprà fare." (François de la Rochefoucauld)

Chi sono? Cosa so? Cosa so fare? Cosa voglio fare? Cosa posso realizzare? Tali domande spuntano insistenti nella testa di ognuno, e nell'epoca attuale sono sempre più assillanti.
Le innovazioni tecnologiche e la complessa realtà sociale e culturale rendono l'acquisizione del titolo di studio solo una delle numerose tappe – certamente non la sola e, per alcuni versi,

neanche la principale – verso uno sviluppo professionale al passo con i tempi.

Il disorientamento intergenerazionale è sotto gli occhi di tutti ed è anche accentuato dal fatto che la rivoluzione telematica ha prodotto, tra le altre cose, uno scollamento tra il mondo degli adulti e quello dei più giovani. Il prossimo venturo "homo tecnologicus", il bambino cybernauta sapranno distinguere il naturale dall'artificiale, il vero dal falso, l'autentico dalla fiction? Il senso di vuoto o di sbilanciamento mentale ed etico indotto dalle rappresentazioni mediatiche e da connessioni virtuali come sarà coniugato con i contenuti di verità e di responsabilità dell'"homo humanus"? Nessuno riuscirà mai a scaricare, a fare un download delle emozioni e delle sensazioni che si realizzano in una relazione autentica.

Esperienza diretta e interazione psicocorporea: in tal modo la nostra personalità si nutre e si sviluppa nell'intreccio con la personalità altrui con tutto il carico – piacevole e anche spiacevole – delle relative esperienze.
Le persone possiedono una predisposizione originaria alla

comunicazione, all'interpretazione dei segni e dei simboli, al gioco linguistico (verbale e non verbale), al senso ludico ed espressivo. Siamo piccoli frammenti di qualcosa di più vasto, di qualcosa che va oltre la nostra lettura dell'esistenza, siamo predisposti per una comunicazione molto profonda, inconscia, che trascende l'esistente: ci serve solo motivazione per realizzarla e allenamento nel perseguirla.

Certamente "un computer su ogni banco", come recitava uno slogan molto in voga, ma pure un coetaneo sul banco vicino, un gruppo per ogni alunno; attenzione tecnologica e anche psicosociale che favoriscano lo strutturarsi di una classe con le caratteristiche di gruppo, e non di aggregazione amorfa o coacervo di conflitti distruttivi. Vivere insieme e non semplicemente essere uno accanto all'altro. Implementare i computer ma anche il sentimento sociale, cioè la coniugazione del senso dell'io, del tu e del noi.

Una formazione e un'educazione orientative, quindi, sono la risposta migliore agli innumerevoli cambiamenti in atto, talora piuttosto sconvolgenti. L'orientamento, perciò, è un elemento strutturale, non collaterale o secondario, degli interventi educativi e formativi.

Di fronte a tale scenario che senso avrebbe un orientamento settoriale, centrato solamente su alcuni aspetti o legato a una limitata fase dell'esistenza? La realtà è complessa, e se la si affronta in modo semplicistico e rigido facilmente potranno emergere sintomi di disagio, insofferenza, aggressività, depressione, apatia, noia e quant'altro.

Se il mondo è complesso e plurale, la formazione e l'educazione devono offrire ai vari attori in gioco strumenti per orientarsi ad ampio raggio.
Il raccordo e il dialogo tra le varie istituzioni appaiono certamente un aspetto essenziale, che contribuisce a offrire maggiore chiarezza agli individui e alle famiglie. Ciò consente alle persone di collocarsi e ricollocarsi nella società senza sensi o complessi di inferiorità e con gratificante auto ed eterostima, sia umana che professionale.
Una scuola che forma e educa con modalità orientative, e aperta al futuro, potrà incoraggiare capacità progettuali per il futuro.

Educazione relazionale

"Costruite ponti fra uomo e uomo, ovviamente levatoi." (Stanislaw Jerzy Lec)

Il doppio ruolo educativo dell'adulto penso sia questo: per un verso fare da specchio affinché il bambino e il ragazzo riconoscano il loro essere autentico, dall'altro incoraggiare le prospettive migliori per il futuro.

Un ragazzo mi confidava: "Voi adulti gridate e sgridate troppo!". Una ragazza notava: "Gli adulti sono abituati a dare risposte senza essersi fatti domande su cosa provo e vivo io"; un'altra affermava: "Gli adulti dicono sì la verità, ma solo quella che interessa a loro". Forse è il caso di ridare valore agli aspetti dell'identità personale collegati alle relazioni interpersonali, ai valori comunitari. Interrogare i ragazzi ma anche interrogarsi.

La ricerca viene stimolata da interrogativi, più che dalle risposte preconfezionate. Gli interrogativi stimolano l'esplorazione e la costruzione del sapere. Pablo Picasso ha affermato: "I computer sono stupidi, non sanno fare domande". L'arte di fare ipotesi, il metodo del "come se" (dal poeta Novalis al filosofo Hans Vaihinger, fino allo psicoanalista Alfred Adler) sono fecondi costruttori di storia e di storie personali.

Nel corso della storia profeti, santi, inventori e artisti hanno sempre ipotizzato e sperimentato soluzioni innovative, creative, insolite.
Occorre una severa analisi, non banale né schematica, di ciò che siamo come adulti e di quanto trasmettiamo con i fatti. Dopodiché potremo proporre progetti, formulare ipotesi, costruire esperienze e consolidare il positivo dell'esistente.
Le comunicazioni autoreferenziali appaiono sterili e dannose se desideriamo "costruire" persone che vivano emozioni vivaci, stimolino la meraviglia verso il futuro (come facevamo da bambini) e catturino la fantasia, coniugandola con la razionalità.

Alla ricerca
"I grandi spiriti creano e non criticano." (Georg Christoph Lichtenberg)
"Fare attenzione ai processi di apprendimento è più importante che rincorrere i risultati. Ancora più importante è neutralizzare la paura di sbagliare." (Michael Gelb)

Occorre approfondire le ricerche su metodologie che favoriscano l'apprendimento, senza ovviamente pensare che queste possano sostituire una buona relazione tra educatore e educando.
Brevemente accenno a qualche tematica.

Lo sviluppo della sicurezza in se stessi
Non pochi individui evitano di agire perché sono stati "scottati" da precedenti esperienze negative, oppure non cercano il successo perché sono convinti di non avere capacità proprie. L'autostima si abbassa e le varie performance (scuola, sport, lavoro, vita affettiva) sono bloccate o risultano compromesse. Alcuni cadono in preda alla depressione, altri si scoraggiano, altri si incartano pian piano, avvitandosi sui loro problemi.

È possibile certamente reagire: varie teorie e pratiche hanno studiato come infondere e infondersi sicurezza: la teoria dell'autoefficacia di Bandura, la teoria sulla competenza e motivazione di Susan Harter, la teoria dell'abilità percepita su base evolutiva di Nicholls, il modello della sicurezza nello sport di Vealey, le tecniche di PNL (programmazione neurolinguistica) utili per il trasferimento della sicurezza da una dimensione all'altra della personalità (swish pattern, il cerchio dell'eccellenza).

Imparare a imparare

Un ragazzo mi diceva: "Tutti mi dicono che devo studiare, che non devo mollare, che devo continuare a lavorare, ma nessuno mi mostra come"; cioè nessuno mi spiega *di preciso* come fare a impegnarsi o a lavorare in modo funzionale.

Come è la strategia di coloro che – quasi naturalmente, con basso dispendio di energia e con scelta centrata –raggiungono l'eccellenza nelle varie attività? Cosa scatta in costoro che rende "facile" apprendere un contenuto e realizzare un progetto? Come organizzano le nozioni?

I figli dovrebbero imparare dai genitori e dagli adulti innanzitutto le strategie da adottare per facilitare l'operatività, per supportare la fatica, per organizzarsi cognitivamente e per gestire l'emotività di fronte a situazioni impegnative. Se gli adulti riuscissero il più possibile a insegnare le loro strategie personali, i "trucchi del mestiere", in seguito potrebbero trasmettere contenuti e nozioni in modo più funzionale.

La narrazione

In un dialogo del film *Harem soirée* di Ferzan Özpetek si afferma: "La cosa più importante non è soltanto come vivrete la vostra vita; la cosa che conta è come la racconterete a voi stessi e soprattutto agli altri. Solo in questo modo è possibile dare un senso agli sbagli, al dolore e alla morte".

Alcune ricerche hanno evidenziato, per esempio, che l'ascolto della radio è un input più efficace della visione televisiva per sollecitare l'immaginazione e la creatività. Parecchie persone sono stimolate più dalla radio che dalla televisione.

Potrebbe risultare importante riscoprire la tradizione orale e utilizzarla in chiave educativa: ascoltare una narrazione e, a propria volta, narrare qualcosa di significativo della propria biografia personale è un'esperienza che manca a molti nell'epoca odierna.

Un ascolto di sintonia

"Io credo che il compito dell'uomo non sia quello di dominare la natura ma precisamente quello di coltivare: coltivare se stesso così come coltivare la natura, proprio perché non sono separabili. Direi di più: una coltivazione di me stesso che non sia anche cultura della natura non è cultura dell'uomo. E io non faccio separazione tra coltivazione del corpo, coltivazione dell'anima e coltivazione della natura." (Raimon Panikkar)

Alcune persone mi hanno segnato dentro e mi hanno in-segnato la fiducia, la pazienza, il senso dell'equilibrio, il sentimento della bellezza. Per quanto mi riguarda, le vicende di questi ultimi anni – quelle sociali tragiche o quelle personali – mi hanno inferto ferite e hanno fatto sì che la rotta della mia esistenza si indirizzasse con più decisione verso l'ascolto dell'esterno e dell'interno, delle vite che mi circondano, delle voci e dei messaggi altrui, della cura per la cultura e la natura.

Per me è stato fondamentale raccogliere attimi preziosi, valori, bisogni, comunicazioni profonde, significative sofferenze e gioie stupende. È stato per me estremamente gratificante cogliere la bellezza dei sorrisi dei reduci da lutti tremendi e da forti contrasti interiori.
"Le cose ci fanno domande tacite", affermava Sartre. Ogni cosa (pur negativa), ogni persona (pur critica) offre qualcosa e allo stesso tempo richiede, spesso implicitamente, attenzione e

considerazione.

Dietro nodi e contraddizioni possono nascondersi ipotesi o soluzioni impreviste oppure segnali per cambiamenti da attuare.

Non è per niente facile individuare il sostegno adatto alle persone: ognuno ha mille sfumature e storie. Se qualcosa non cresce non è detto dipenda dalla semente o dal giardiniere: può darsi che debba essere modificata la composizione del terreno. Tuttavia, per comprendere meglio e avere cura non c'è che un modo: ascoltare e ascoltarsi. Se si ascolta e ci si ascolta, si verificano possibilità insperate. Occorre essere attenti ai segni ed esercitare la pazienza, per essere catalizzatori di sentimenti di relazione.

Occorre andare al di là di una visione frammentata degli individui, cercando di conoscerli a fondo; occorre saper accettare la linea di sviluppo specifico di un bambino o di un ragazzo anche se non corrisponde a quello che gli adulti auspicano; occorre saper ascoltare anche il momento esistenziale che i figli stanno attraversando (*quel* momento!) percependo con "i sensi interiori".

Così scriveva Albert Einstein: "La più bella sensazione è il lato

misterioso della vita. È come il sentimento profondo che si prova sempre nella culla dell'arte e della scienza pura. Chi non è più in grado di provare né stupore né sorpresa è per così dire morto; i suoi occhi sono spenti. A me basta afferrare una particella anche piccolissima dell'intelligenza che si manifesta nella natura".
Coltivare se stessi e gli altri. Questioni di... coltura, appunto!

SEGRETO n. 4: è nella pazienza e nel tempo meditativo-intuitivo che si costruisce il desiderio e si immagina il futuro, qualcosa o qualcuno per cui scrivere progetti.

Dal negativo al positivo
"Il vento favorevole non serve al marinaio che non sa in che direzione andare." (Seneca)

Si racconta che un monaco ricevette la visita di un suo confratello e, illustrandogli la regola monastica, elencò le norme a cui si atteneva: "La nostra comunità non vuole commettere violenze di nessun tipo, non vuole diventare ricca, non vuole usare sostanze proibite, non vuole rubare, non vuole danneggiare le cose..." e così via.

Il monaco ospite, alla fine dell'elenco dei divieti, commentò: "Ho capito molto bene ciò che non farete o che non desiderate fare; mi spieghi ora cosa volete e cosa desiderate!". Tanti sono bravi a metterci paura ("Attenzione a...!", "Non fare...!", "Non dire...!"), pochi ci danno esempi e strumenti per agire.

Troppi ci avvisano, ci intimano, ci impongono ciò che non si deve fare, ci somministrano lunghi menu di proibizioni.

Chi ci offre esempi? Chi suggerisce ipotesi, punti di vista e incoraggiamenti per sviluppare le nostre doti?
Con la sola proibizione o repressione non è possibile affrontare la violenza, la rabbia, la patologia, i mali interiori e del mondo.

Essere esente da malattie non significa necessariamente essere in buona salute. La salute non è solo assenza di malattie, ma attivazione delle forze sane interiori, risveglio di se stessi. Se non si trova qualcosa di valido, qualcosa di prezioso, un valore di riferimento per cui impegnarsi sarà molto difficile abbandonare il negativo. Prima di rinunciare o durante la rinuncia serve scoprire e incentivare qualcosa di benefico.
Si rinuncia al male, come un vestito logoro e vecchio, solo se si

trova un'alternativa di bene, se c'è un altro vestito migliore di ricambio.

Spesso mi trovo di fronte a ragazzi che, sia esplicitamente che implicitamente, rilevano che l'esistenza degli adulti è caratterizzata da forti princìpi e credenze (si deve fare) ma dall'anemia dell'azione (sono responsabile, scelgo, progetto, faccio). Risulta sterile fondare l'educazione solo su proibizioni e su contenuti tecnici senza offrire valori positivi di riferimento e senza che questi siano incarnati concretamente in noi adulti.

La naturale dimensione sociale
Qualche anno fa un gruppo di neurofisiologi dell'università di Parma ha scoperto i "neuroni specchio" (*mirror neurons*). Essi si attivano, "riflettono" e risuonano sia quando è l'individuo a compiere un'azione, sia quando l'azione è vista compiere da qualcun altro. In questo secondo caso i neuroni specchio si attivano come se il soggetto stesse facendo quella specifica azione. Nell'uomo si ritiene che i neuroni specchio interessino anche l'articolazione fonetica e il processo di evoluzione del linguaggio.

I neuroni specchio sottolineano il ruolo, non certamente secondario, del senso di identità sociale nell'evoluzione dell'individuo. I neuroni specchio ci consentono di comprendere gli altri, con le loro intenzioni, attraverso l'attivazione di zone della corteccia cerebrale che sono già attive in chi realizza il gesto. Il senso di identità sociale si costruisce anche attraverso l'azione dei neuroni specchio; questi mettono in rilievo la caratteristica della reciprocità che ci collega agli altri, evidenziando l'importanza della dimensione sociale.

Il sorprendente collegamento tra le nostre e le altrui azioni messo in luce dai neuroscienziati potrebbe essere il correlato nervoso del sentimento sociale, del comportamento altruistico studiato da vari autori.
L'identità sociale è pre-verbale e pre-razionale, è uno stato naturale che prepara il terreno per accogliere un'altra persona come proprio simile. Ognuno compartecipa con gli altri esperienze simili, e ciò avviene anche perché i meccanismi neurali soggiacenti sono comuni.

Tra noi e gli altri sussiste una correlazione empatica: la logica intrinseca del cervello è fortemente correlata e interconnessa al mondo esterno e agli altri: gli altri entrano e sono dentro di noi in tanti modi.

Questa scoperta delle neuroscienze suggerisce importanti riflessioni educative, etiche, politiche e anche economiche. dal punto di vista educativo implica l'opportunità – direi la necessità – di strutturare e favorire al meglio l'apprendimento sociale, la cooperazione di gruppo al fine di migliorare anche l'apprendimento individuale. Fare gruppo condividendo pensieri ed emozioni, favorire il senso di appartenenza su valori condivisi, sviluppare la cooperazione a vari livelli contribuisce a innalzare quantitativamente e qualitativamente il livello di apprendimento sociale e individuale.

La soggettività è originariamente intersoggettività, la comunità ha un ruolo essenziale nella costruzione identitaria dell'individuo. Esistono strumenti scientifici precisi che per un verso sollecitano lo sviluppo del sentimento sociale, e per un altro ne monitorano l'iter lungo il percorso formativo.

Al cuore di se stessi
"Sii tu il cambiamento che vuoi vedere nel mondo." (Gandhi)
"Siamo andati avanti negli ultimi anni, ora dobbiamo fermarci un attimo. Dobbiamo permettere alle nostre anime di raggiungerci." (Michael Ende)

Da qualche millennio l'uomo è padrone della Terra e ha apportato incredibili e notevoli miglioramenti all'ambiente in cui vive; per contro si sono susseguiti devastanti cambiamenti, testimoniati anche dalle variazioni climatiche in corso. Negli ultimi decenni lo sviluppo tecnologico ha raggiunto traguardi insperati, ha consentito di realizzare audaci sogni e di oltrepassare limiti considerati insuperabili. Molte ricerche e sperimentazioni in vari ambiti hanno chiarito quesiti insoluti da secoli e spiegato molteplici misteri del cosmo e del microcosmo.

Il padrone della Terra, però, è ancora poco capace di governare se stesso: si scopre debole nel migliorare la propria qualità di vita, rileva frustrazioni crescenti, la felicità gli appare irraggiungibile, la conoscenza dei propri meccanismi interiori è carente, l'autonomia di taluni comportamenti viene meno, l'assunzione di responsabilità personali difetta.

Si sono realizzati enormi cambiamenti all'esterno dell'uomo, nel mondo, ma dentro, nell'interiorità, le persone appaiono lacerate, frequentemente insoddisfatte. L'evoluzione esterna ha galoppato, quella interiore ha camminato o ha proceduto a rilento. Molti individui non capiscono più neppure se stessi e non sanno né come né in che direzione muoversi.

Vari miraggi ed equivoci si sono dissolti come neve al sole: che l'aumento del benessere materiale fosse il cardine dello sviluppo umano; che bastasse possedere beni od oggetti per essere qualcuno; che la felicità fosse direttamente proporzionale alla fama acquisita o, diremmo oggi, al successo massmediale; che le nuove scoperte e acquisizioni scientifiche e tecnologiche bastassero da sole a eliminare sofferenza e frustrazione; che la realizzazione del profitto individuale potesse attuarsi senza contrapposizione alla crescita della comunità.

La vita media si è allungata parecchio, le comodità sono aumentate, però l'uomo appare più insicuro, più incerto, incapace di veleggiare verso mete e progetti definiti. L'insoddisfazione percepita è aumentata e l'accento viene posto frequentemente sulle tragedie e sui delitti frutto di disperazione, di difficoltà di orientamento e di spaesamento esistenziale.

Come mai non siamo diventati più maturi delle generazioni precedenti, con progressione crescente? In molte attività l'uomo approfitta delle esperienze passate per imparare: come mai invece in campo sociale, psicologico ed etico ripetiamo troppo spesso gli errori del passato e sappiamo apprendere troppo poco da chi ci ha preceduto?
Un numero notevole di persone non si stima, si sottovaluta o addirittura si odia. Una ragazza annotava in uno scritto: "Per essere accettata da tutti, faccio la ragazza che va bene a tutti".

È più facile domare il mondo e la tecnologia, fino ad arrivare al sequenziamento del DNA, piuttosto che gestire alcune dinamiche interne o sociali. "Imperare sibi, maximum imperium est" recita un detto di Seneca, "comandare a se stessi è la più alta forma di comando". Evidentemente, però, resta più facile comandare agli altri.

Senza l'aumento della conoscenza di sé e degli altri, l'uomo rischierà di autodistruggersi: deciderà e realizzerà progetti senza governarne le conseguenze, si inaridirà senza la guida di valori positivi di riferimento. Il timore che le nuove scoperte si rivoltino contro gli esseri umani non è infondato. La ricorrente presenza di reattività violenta, anche di tipo terroristico, di diatribe estenuanti e senza fine a livello familiare e sociale, di incredibili disuguaglianze nell'utilizzo delle risorse materiali e intellettuali sono i sintomi fallimentari di progetti educativi che non sono riusciti a formare individui responsabili, contemporaneamente attenti sia allo sviluppo individuale che sociale.

Ognuno ha bisogno di spazi, di ambienti fisici e relazionali per poter vivere: se si contraggono gli spazi, se si riduce il tempo della relazione, se ci si ammassa sempre di più nelle città vivendo perfino in appartamenti compressi, se manca il tempo per coltivarsi come persone, inevitabilmente si diventa aggressivi, irritabili, stressati, depressi, violenti.

Nella nostra società tecnologica numerose persone ricorrono a maghi e occultisti: ciò mette in luce un profondo bisogno di relazione e di ascolto.

Se la società non deciderà di porre l'educazione e la formazione umana e sociale come finalità primaria per la sua evoluzione, non solo con affermazioni di principio, ma con investimenti concreti, il rischio potrebbe essere la fine dell'educazione, quindi della positiva crescita umana.

Per esemplificare ecco alcuni aspetti da considerare: l'autostima, l'autoefficacia, le abilità adattive (coping, autocontrollo, capacità di fissare obiettivi e perseguirli, capacità decisionali), le abilità sociali (comunicazione, soluzione dei conflitti, assertività, capacità di lavorare in gruppo), le abilità cognitive unite a quelle di meta-apprendimento, la capacità autovalutativa, l'acquisizione di un pensiero creativo, critico e autocritico, la gestione delle emozioni con se stessi e con gli altri.

La società planetaria ha bisogno di costruire un umanesimo che integri saperi plurali e complessi, senza che ognuno di questi si ipotizzi autosufficiente o addirittura sostenga la guerra dell'uno contro l'altro.
La qualità del nostro stile di vita – individuale e sociale – ci fa essere e sentire felici oppure no. È essenziale che i singoli e le

comunità facciano predominare le emozioni costruttive, governando quelle distruttive.

Crescere e intravedere il futuro
"Mantieni coloro che ami vicini a te, di' loro all'orecchio quanto ne hai bisogno, amali e trattali bene, prenditi tempo per dir loro mi dispiace, perdonami, per piacere, grazie e tutte le parole d'amore che conosci. Nessuno ti ricorderà per i tuoi pensieri segreti."
(Gabriel García Marquez)
"Educare una persona nella mente e non nei valori significa educare una minaccia per la società." (Theodore Roosevelt)

Nel corso degli anni ho notato sempre di più che gli adulti vivono portando troppo i figli nella propria esistenza, proiettando sui figli motivazioni o desideri propri. Saper lasciar andare, saper "abbandonare" positivamente e creativamente i figli, saper incoraggiare a crescere può risultare proficuo per genitori e figli. Se una persona è stata ed è presente nella vita dei figli, sa abbandonare, nel senso di lasciar crescere; se una persona non è o non è stata presente, vive il lasciar andare come senso di colpa e cerca di compensare il tempo da dedicare ai figli con regali o oggetti vari.

"È come se fossi la polvere e loro, i miei genitori e i miei zii, mi catturano con l'aspirapolvere dei loro regalini" mi diceva incisivamente un'alunna di dodici anni. Un altro ragazzo precisava: "Papà mi ha fatto un grosso regalo, io avrei preferito però stare un giorno da soli io e lui, andare da qualche parte per parlare un po' e vedere qualcosa assieme". Un altro ragazzo ancora mi confidava: "Il gioco preferito di mio padre è quello del silenzio".

Talora si corre da un momento all'altro, come se si vivesse in un sogno: è il tempo che divora. Invece è essenziale che si trovino attimi in cui si lascia e ci si lascia tempo, attimi nei quali ognuno è "presente a se stesso", senza fotocopiature altrui: è il tempo dell'essere.

SEGRETO N: 5: il tempo, il tempo della relazione, il tempo della relazione emotiva è uno dei pochi beni che non fa distinzione tra ricchi e poveri, tra giovani e anziani: la presenza va costruita nel tempo, dandosi e dando tempo.

La perdita di speranza, inoltre, troppo spesso limita l'identità adulta e fa capire come mai attualmente possa risultare difficile tracciare un confine preciso tra infanzia e maturità. La svalutazione della maturità è la risultante di tale difficoltà, e la memoria dell'ottimismo e del positivo si tramanda con poco vigore da una generazione all'altra.

La nostalgia delle velleitarie e illimitate possibilità dell'adolescenza e della giovinezza, epoca nella quale non sembrava dovesse esserci alcuna rinuncia né limite, aleggia frequentemente tra certi adulti-bambini.

La cultura contemporanea incontra difficoltà a sottolineare gli ideali normalmente associati alla fase della maturità: impegno, assunzione di responsabilità, scelte di priorità, maturità nelle decisioni. Questi ideali contrastano con il senso di provvisorietà presente nella vita quotidiana; in tal modo si svuota, a poco a poco, l'identità adulta.

I giovani vanno incoraggiati ad affrontare le fasi successive dell'esistenza con coraggio. "Mia mamma" mi confidava una ragazza adolescente "ha paura a vivere da sola; mio papà non sa vivere in gruppo."

Perché mai i giovani dovrebbero essere motivati a vivere e a crescere, se gli adulti credono che non valga la pena vivere la loro adultità, se hanno interiorizzato prospettive esistenziali più buie che luminose e se predicono "un futuro corto" e foriero prevalentemente di disgrazie?
Se gli adulti non crederanno nel futuro proprio e della società, incamminandosi verso confini di speranza e di apertura, non potranno trasmettere fiducia e cultura dei valori ai giovani.

Percepire con ascolto
Fronte a fronte
A fronte della scarsa comunicazione
viviamo di profilo accanto ai nostri cari,
talora di sbieco,
con vergogna emotiva
di mostrarci vivi, vegeti ed espressivi;
temiamo di lasciarci andare: per perdere che?
Mostri solo un lato della tua luna
nascondendoti a te stesso

e celando pure ai tuoi intimi
l'altra parte di te, comunque profonda?
A che ti serve non farti conoscere e riconoscere
nascosto pure a te stesso?
Specchiati e guardati di fronte
e insegna ai tuoi figli a non buttare
lo specchio dietro la schiena.

È importante sviluppare la capacità di ascolto che dà modo di aumentare la comprensione reciproca. Si sa fin troppo bene che sentire non è ascoltare. Ascoltare veramente chi ci sta davanti, al di là dell'essere d'accordo o meno, cioè percepire la sua personalità e compartecipare emotivamente, necessita di tempo, di fatica e di un pluriennale training. D'altronde non esiste nessun progetto o nessun apprendimento serio che non abbia bisogno di studio, di tempo e di monitoraggio continuo.

Non è difficile percepire i figli in modo distorto: fantasie, desideri, aspettative varie del genitore impediscono di entrare in sintonia col figlio reale così com'è, con la propria personalità specifica.

Questo succede spesso più a livello inconscio che attraverso atteggiamenti coscienti. "Ciò che di solito influisce più sul bambino a livello psichico è quella vita che i genitori non hanno vissuto", scriveva lo psicoanalista Jung. Avete mai notato certi genitori agli allenamenti o alle gare dei bambini? Sembrano padri e madri di futuri campioni mondiali della specialità praticata dal figlio, e vedono esclusivamente quello.

E le aspirazioni socioculturali? Padri e madri spesso vedono nelle loro proiezioni un film dello sviluppo formativo e scolastico che è parecchio distante dalla pellicola originale del figlio. Certi genitori intravedono nel figlio il novello Einstein o chissà quale altro genio, con connotazioni troppo esclusive e rigide.

Dato che loro, come genitori, hanno fatto certe scelte, anche il figlio – "naturalmente" – deve ripercorrere le orme paterne o materne. Oppure il padre o la madre non hanno fatto determinate scelte o hanno dovuto interrompere certi percorsi esistenziali, allora il figlio diventa la compensazione di un vuoto, di un obiettivo non realizzato dai genitori.

Se un genitore vola nel proprio universo immaginario con proiezioni di film fantascientifici, come può un figlio esprimere con libertà preoccupazioni, paure, desideri che non collimano con quelli del padre o della madre? Forse esagerando, ma in modo incisivo, un ragazzo mi raccontava: "Gli adulti mi capiscono, ma solo e soltanto per quello che hanno in mente loro".

Se non si realizza un incontro reale tra genitori e figli, è facile che si verifichi una fuga verso costruzioni immaginarie o verso stili di menzogna più o meno patologici, oppure dei blocchi di relazioni apparentemente immotivati. Se non si compartecipano affetto, cura, comprensione, protezione, sicurezza e anche dubbi, paure e angosce, che alternativa resta?

Occorre qualità, ma anche quantità per mettere in contatto i vari Sé "reali": i Sé degli adulti e quelli dei bambini, dei ragazzi. In modo che ognuno percepisca, di fronte all'altro, la profondità delle rispettive personalità.
Val la pena eliminare qualcosa di secondario o aleatorio e di ristrutturare le nostre relazioni affettive ed educative.

La scuola come laboratorio di interiorità

"Porsi ulteriori domande, cercare nuove possibilità, guardare i vecchi problemi da un nuovo punto di vista richiede immaginazione creativa e segna i veri progressi della scienza." (Albert Einstein)

"Un adulto creativo è un bambino sopravvissuto." (Ursula K. Le Guin, scrittrice)

"Non ci sono lupi cattivi, ci sono lupi tristi." (San Francesco d'Assisi)

Secondo recenti statistiche, poco più del 20% del successo di un individuo dipende dal suo Q.I. (quoziente intellettivo); circa l'80% del successo è attribuibile ad altri fattori, evidentemente più determinanti dell'intelligenza logica e astratta legata al cervello razionale. In quell'80% entrano in campo anche i fattori della dimensione affettiva e relazionale.

Le emozioni positive, i sentimenti positivi ci fanno sentire sicuri, ci fanno sentire a casa; aiutano anche a mantenere la coerenza dei ritmi fisiologici, per esempio del ritmo cardiaco. Le emozioni e i sentimenti negativi ci fanno percepire di poco valore.

Chi ha bassa o nulla autostima è come colui che parte per scalare un monte con le ciabatte da mare, chi ha bassa autostima è facilmente triste o arrabbiato col mondo, oppure intralcia gli altri con rancorosa invidia.

La scuola è certo un luogo di apprendimento intellettivo, ma anche di formazione della persona. Persona completa, integrale, olisticamente intesa, inserita in una comunità. Quasi tutti affermano che la scuola debba prendersi cura delle componenti affettive, sociali e creative degli studenti, affinché essi non crescano disconnessi dalla propria interiorità profonda, cioè spersonalizzati.

Di fatto, però, la scuola in molte occasioni sembra faccia scelte più "materialistiche", ricercando valutazioni prevalentemente oggettive, parcellizzando i saperi; punta – giustamente – sull'informatica, ma dovrebbe puntare maggiormente su un'iniezione di anima, di pathos, di passione. L'uniformità spesso è privilegiata in alternativa alla creatività.
Gli alunni devono conoscere tante cose, ma si conoscono poco. Il tempo scolastico e i contenuti sono aumentati, non armonizzando

sempre sviluppo intellettivo e sviluppo affettivo. Il cervello razionale è stato implementato a scapito di quello emotivo.

Apprendere è molto più che studiare, non si limita al solo sapere: è esperienza, è scoperta sempre più profonda della propria essenza. È un viaggio dentro se stessi. L'espressione "andar lontano" riferita nei miti va tradotta con "avvicinarsi a se stessi", "entrare dentro la propria essenza"; "salire sul monte" significa "meditare per ritrovare se stessi"; "trovare un filtro miracoloso" corrisponde a "essere consapevoli del divino che ognuno ha dentro, scoprire e fare esperienza (non solo parlarne) del Sé che trascende l'Io". Comunque sia, si viaggia verso mete lontane, per arrivare al proprio nucleo profondo e scoprire altre potenzialità: il vello d'oro è dentro ognuno, non fuori.

Servono strumenti specifici e persone educanti che aiutino bambini e ragazzi a "contattare" nel profondo il proprio Sé corporeo, emotivo, creativo, sociale. Per esemplificare: serve saper allenare il coraggio di fronte alle frustrazioni; aiutare a gestire le spinte aggressive verso chi pone dei limiti; aumentare i livelli di autostima; insegnare l'ascolto attivo e passivo; individuare le caratteristiche umane degli alunni; stimolare le competenze di autovalutazione; apprendere a gestire l'ansia, a riconoscere e a comunicare meglio i propri stati emotivi; far emergere la motivazione ad apprendere, soprattutto in chi è scoraggiato.

Sarebbe efficace intervenire con varie metodiche per aiutare l'alunno ad attivare le proprie potenzialità creative ed energetiche per gestire stress e frustrazione: tecniche di rilassamento, visualizzazioni guidate, metodiche legate alla PNEI (psico-neuro-endocrino-immunologia) e a varie tipologie di meditazione. Numerosi studi scientifici puntualizzano gli effetti benefici della meditazione (biochimici, fisiologici, psicologici e spirituali).

A scuola di comunità
"Ciò che i bambini sanno fare insieme, domani sapranno farlo da soli." (Lev Vygotskij, psicologo)
"Io non sono se non sono in un campo psichico con gli altri, con la gente, con gli edifici, con gli animali, con le piante." (James Hillman, psicoanalista)
"La mia classe è piena di ragazzi sociali." (Un ragazzo della scuola secondaria di primo grado)

In un cervello ci sono, poco più poco meno, circa dieci miliardi di neuroni, però ciò che forma l'intelligenza non sono i neuroni in sé, sono le connessioni tra loro, le sinapsi. E queste connessioni si attivano quando ci sono interazioni col mondo: queste sono il risultato della relazione con l'ambiente circostante, con le persone, con la società. Ecco perché il cervello non potrà mai essere paragonato tout court a una macchina, a un PC: l'intelligenza umana si forma nella relazione, nella condivisione di esperienze con altri soggetti, con i vari "tu" che entrano in gioco.

Per essere sani e continuare a star bene, anche a livello biologico, occorre essere in relazione: per esempio, non possiamo fare a meno dei diversi miliardi di microorganismi che abbiamo nel nostro corpo. Questi nostri coinquilini sono essenziali per il costante scambio di informazioni e di sostanze nutritive che consentono all'organismo di funzionare bene.
La salute ha bisogno di relazioni, stare in salute implica saper convivere in equilibrio.

SEGRETO n. 6: non siamo sufficienti a noi stessi; la nostra realizzazione non può avvenire esclusivamente all'interno dei

nostri confini. Per nascere, crescere, evolvere, formarci abbiamo bisogno di relazioni a vari livelli e con diversi gradi di profondità.

Troppo poco si è fatto per sviluppare l'intelligenza intrapersonale e interpersonale; l'apprendimento scolastico, di fatto, è una questione esclusivamente privata, del singolo; poco del gruppo o della comunità.

Al di là delle affermazioni teoriche, nella pratica quotidiana appare spesso vera la dura affermazione che ho ascoltato da un ragazzo: "Basta che io vada bene a scuola perché tutti siano contenti; nessuno si preoccupa se cresce anche la mia classe, il mio gruppo; allo spirito di squadra sembra più attento il mio allenatore di basket".

La scuola deve formare cervelli pieni di contenuti e nozioni, individui colmi di cognizioni e di capacità, oppure deve anche formare "un cittadino in relazione", che sappia essere autonomo, sappia decidere nelle varie situazioni e sia sempre connesso con se stesso e col cosmo?

Un alunno che termini la scuola conoscendo perfettamente tutti i contenuti delle materie, ma che non si conosca, che non si riconosca nel proprio corpo, nelle proprie emozioni e non abbia aumentato la propria intelligenza relazionale, possiamo affermare che sia una persona *formata*?

Rigorose ricerche hanno dimostrato come la creazione di relazioni efficaci nella classe migliori i livelli di concentrazione e di apprendimento.

Quindi occorrerebbe: conoscere e conoscersi, saper fare e saper fare assieme, saper essere e saper essere assieme, cioè saper convivere e compartecipare emotivamente.

Un occhio alla didattica e al profitto, un occhio alla persona, un occhio al gruppo.

RIEPILOGO DEL CAPITOLO 2:

- SEGRETO n. 1: è preferibile sostituire alla diagnosi degli errori, che richiama la conseguente calendarizzazione delle negatività, la diagnosi dei punti di forza e il monitoraggio delle positività concrete.
- SEGRETO n. 2: i due pilastri di una personalità felice e autonoma sono: buon livello di autostima e soddisfacente sviluppo del sentimento sociale. In tal modo l'individuo cresce e fa crescere la società.
- SEGRETO n. 3: nell'ambito dell'educazione occorre cambiare il punto di partenza: non considerare esclusivamente la patologia, centrata sul negativo, su ciò che non va, ma privilegiare un'ottica "geniale", centrata sul positivo, sul "genio che sa fare", per attingervi strumenti e indicazioni concrete, metodologie evolutive per tutti.
- SEGRETO n. 4: è nella pazienza e nel tempo meditativo-intuitivo che si costruisce il desiderio e si immagina il futuro, qualcosa o qualcuno per scrivere progetti.
- SEGRETO N: 5: il tempo, il tempo della relazione, il tempo della relazione emotiva è uno dei pochi beni che non fa

distinzione tra ricchi e poveri, tra giovani e anziani: la presenza va costruita nel tempo, dandosi e dando tempo.
- SEGRETO n. 6: non siamo sufficienti a noi stessi; la nostra realizzazione non può avvenire esclusivamente all'interno dei nostri confini. Per nascere, crescere, evolvere, formarci abbiamo bisogno di relazioni a vari livelli e con diversi gradi di profondità.

Capitolo 3:
Progetti realizzati con gli alunni

Di seguito riporto in sintesi alcune attività, realizzate in collaborazione con docenti e presidi, dalle quali si possono ricavare interessanti spunti e riflessioni. I vissuti degli alunni sono genuini e sono stati raccolti esclusivamente dallo psicologo durante le varie attività.

Progetto di orientamento con le classi terze della scuola secondaria di primo grado
Premesse. È fondamentale che ogni alunno acquisisca e gestisca con soddisfacente padronanza le principali strategie cognitive, affettive e motivazionali al fine di migliorare l'apprendimento e di proseguire gli studi più efficacemente, evitando fenomeni di disagio scolastico ed esistenziale.

Per tale motivo è importante evidenziare le caratteristiche principali di ogni alunno dal punto di vista cognitivo, affettivo e motivazionale. Ciò risulterà utile sia per impostare la futura programmazione didattica, sia per favorire una migliore evoluzione personale e di gruppo all'interno del nuovo ordine di scuola.

Obiettivi. Ampliare il concetto di orientamento scolastico e professionale, integrandolo all'interno della struttura di personalità del soggetto e collegandolo agli specifici valori personali.
Focalizzare alcuni aspetti dello stile di vita personale, valorizzandone in prospettiva i punti di forza.
Sollecitare – per quanto possibile – l'armonizzazione di capacità, potenzialità, attitudini, interessi e aspettative dell'individuo, collegandole alle risorse della comunità di riferimento.

Criteri di lettura dei dati. Gli strumenti utilizzati presuppongono risposte sincere da parte degli alunni e facili capacità di decodifica di quanto richiesto.
I test non hanno obiettivi specificamente clinici, non etichettano con diagnosi cristallizzate e rigide, ma delineano caratteristiche di personalità, evidenziano opportunità formative e educative, suggeriscono aspetti sui quali intervenire con percorsi evolutivi.
È sempre opportuno non considerare o non amplificare soltanto un

singolo dato, ma leggere e interpretare i risultati collegandoli tra loro in un quadro d'insieme e verificando i bilanciamenti dei punti di forza e di debolezza.

I seguenti cinque test vengono somministrati a tutti gli alunni della classe terza:

- *QSA (questionario sulle strategie di apprendimento)* con rilevazione di sette fattori cognitivi e di sette fattori affettivi/motivazionali;
- *Interessi professionali* con nove macroaree di interessi;
- *Valori professionali* con sei aree di valori: valori intrinseci per sondare la motivazione intrinseca, interiore e la motivazione estrinseca, esteriore;
- *Stili di apprendimento* con rilevazione di tre aree: canali sensoriali prevalenti, modo di elaborare le informazioni, modalità di lavoro;
- *Autostima* con rilevazione di sei sottoaree.

Complessivamente gli indicatori di personalità sondati per ogni alunno sono quarantadue.

Accoglienza con le prime classi della scuola secondaria di primo grado

Non si formano subito le classi ma, nei primi dieci giorni di frequenza, si lavora a gruppi che ruotano periodicamente.

Oltre ai soliti test d'ingresso nelle varie materie, si strutturano attività che favoriscano la conoscenza di sé, dei compagni e degli insegnanti al di là delle esigenze prettamente didattiche. Anche il Servizio Psicologico interviene, monitorando in particolare l'autostima e le dinamiche di gruppo.

Sono previste attività sia formali che informali, compresa un'uscita di due giorni in una località montana. Attraverso attività anche di tipo ludico viene approfondita la conoscenza reciproca e la collaborazione di gruppo. Solo al termine delle due settimane si formano le classi in base ad alcuni criteri specifici e a quanto è emerso nell'osservazione diretta da parte di docenti, preside e psicologo.

"Progetto accoglienza... fuori dai denti": gli aspetti positivi e negativi della mia precedente esperienza scolastica nella scuola secondaria di primo grado (esercitazione individuale)

Aspetti positivi

- Abbiamo avuto una preside molto brava capace di insegnare e tenerci a bada, ma allo stesso tempo di rendersi simpatica.

- Possibilità di chiarire i problemi con i prof. a quattrocchi.

- Ho avuto un bel rapporto anche con i ragazzi delle altre classi, con la preside e con il bidello.

- Nella mia ex scuola ho trovato una classe stupenda, molte persone erano pronte ad aiutarmi e a consolarmi nei momenti difficili.

- La mia prof di italiano mi ha sempre aiutato nei momenti più difficili, nei gravi lutti familiari.

- I prof. erano sempre disponibili a parlare in caso di problemi non solo a livello scolastico ma anche personale e familiare. La preside era molto giovanile e al passo con i tempi e potevamo parlare con lei. I vari ambienti erano molto accoglienti. Nelle ore di italiano oltre a trattare la materia, se c'erano litigi o incomprensioni fra i compagni, la prof. ci aiutava a risolvere i problemi e si facevano lavori per esprimere le nostre opinioni.

- L'intesa con i miei professori ai quali mi sono molto affezionata.

- Mi sono piaciuti soprattutto i lavori di gruppo e l'attività sull'affettività, dove è intervenuto anche lo psicologo che ci ha spiegato approfonditamente dubbi e curiosità che un adolescente si pone. I professori erano divertenti ma anche severi.

- Le attività svolte durante la scuola media mi sono piaciute, anche l'intervento dello psicologo è stato molto interessante e coinvolgente.

- La prof di italiano sapeva spiegare ed era in confidenza con noi. Le bidelle e le signore erano gentili.

- La mia classe era molto unita.

- Mi mancherà soprattutto la prof. di inglese che mi dava la carica giusta per portare avanti la giornata, con la sua allegria e simpatia mi infondeva la voglia di andare a scuola.

- Con il prof. di italiano le lezioni risultavano interessanti e coinvolgenti.

- La mia ex scuola aveva la struttura nuova e sempre ben pulita, questo mi aiutava a lavorare meglio.

- Il rapporto con la prof di italiano era molto aperto e andava oltre il rapporto scolastico; se avevo un problema potevo parlarne.

Aspetti negativi
- Ho litigato tutto l'anno con una prof., mi dava contro in tutto. La preside diceva di parlarle, ma se avevamo dei problemi, lei non ascoltava e quando la salutavi la mattina continuava imperterrita la sua strada.

- Preside quasi del tutto inesistente.

- Ho avuto due spiacevoli bocciature precedentemente, non per mancanza di studio ma per problemi di salute, quasi di anoressia; mi sentivo da tutt'altra parte col corpo e con la mente. Ho finalmente intenzione di impegnarmi, ma non ho mai avuto la fortuna di incontrare persone molto sensibili. Ora è tutto passato e sono pronta a prendere nuovamente in mano la mia vita.

- Io vorrei togliere lo psicologo perché secondo me è una figura inutile all'interno del sistema scolastico. Alle medie c'era uno psicologo che faceva solo perdere tempo e diceva solo cose futili. Poi diceva bugie: un giorno aveva parlato in privato con una ragazza e ha sbandierato i suoi problemi ai quattro venti. Comunque lo psicologo attuale sembra molto meglio del mio vecchio psicologo: è più affidabile.

- Un professore di grammatica mi dava sempre lo stesso voto nonostante le mie fatiche e il mio studio per migliorare.

- Alcuni professori mi hanno mancato di rispetto. Non sopporto le persone che pretendono di dirti ciò che loro non sanno fare o insegnare. Oppure la povertà di spirito di alcuni prof. che trattano diversamente gli alunni o che fanno odiare le materie.

Se dipendesse da me l'organizzazione scolastica, cosa suggerirei di preciso alla scuola e nello specifico ai professori?

- Svolgere lavori di gruppo perché ci aiutano a confrontarci e socializzare.

- Far lavorare molto gli alunni in gruppo perché per noi è molto più piacevole e ci fa impegnare di più nello studio.

- Fare delle lezioni all'aperto e in parchi naturali per stare più a contatto con la natura.

- Renderei le lezioni istruttive e divertenti per invogliare i ragazzi a studiare a casa.

- Fare dei dibattiti in classe e tanti lavori attivi di gruppo.

- Organizzare studio e ricerche in gruppo per dare un ulteriore aspetto positivo al rapporto tra i compagni.

- Fare lavori di gruppo che mi aiuterebbero a conoscere meglio i miei compagni.

- Fare lavori che comprendano tutta la classe per avere nuovi metodi di studio e conoscere meglio i miei compagni.

Progetto "Scuola in movimento" (classi dei licei)
Obiettivi. Ampliare il concetto di attività fisica collegandola alle caratteristiche della propria personalità, in particolare rivalutando l'intelligenza corporea.
Focalizzare alcuni aspetti dello "stile di vita attivo" con valenze psicologiche ed emotive.
Aiutare ad armonizzare le competenze corporee all'interno dell'unità psicosomatica.

Contenuti. Corpo, corporeità, movimento, emozioni, stile di vita: specificazioni terminologiche e operative, correlazioni reciproche.
Il movimento aiuta l'interiorizzazione di valori e sensibilità?
Movimento fuori e dentro se stessi. Il principio ideomotorio: visualizzare per favorire il movimento, muoversi per favorire l'apprendimento.

Il lavoro sulle convinzioni. È possibile migliorare le performance sportive con un training mentale?
Attività motoria e socializzazione: due facce della stessa medaglia?
Brevi esercitazioni dimostrative.

Attività integrative di approfondimento
Non riporto tutte le strutturazioni dei progetti, ma soltanto alcuni esempi dei prodotti e delle elaborazioni gli alunni in quanto risultano più stimolanti per una riflessione educativa.

"Gioventù: emozioni, problemi, dipendenza"
Un esempio con le classi seconde della scuola secondaria di secondo grado: approfondimento di alcuni aspetti psicologici e sociali integrati nel programma svolto da una docente, unita alla visione con commento di due film e alla produzione da parte degli alunni di un cortometraggio su tematiche correlate all'uso di varie sostanze.

Scriveva Aristotele: "Si ama quello che colpisce e si è colpiti da ciò che non è ordinario". La sperimentazione attuata ha ricercato altre modalità comunicative meno usuali nella scuola. Poter trasformare le emozioni piacevoli e spiacevoli in immagini e poterle condividere e discutere aiuta ad affrontare i problemi e stimola le proprie risorse creative, la propria *mimesis*. Le proprie produzioni artistiche (poesia, teatro, cinema ecc.) aiutano ad ampliare il proprio sapere e ad accrescere positivamente la coscienza di se stessi.

L'artista si fa "amico" dell'inquietudine, di ciò che turba, dei dilemmi, di quanto appare oscuro e incontrollabile e cerca in modo originale di recuperare il "filo di Arianna" attraverso l'uso di metafore visive, sonore, cinetiche.
Vedere e sentire qualcuno che racconta e, a propria volta, mettersi in gioco nel raccontarsi aiuta a vivere e può essere, tra l'altro, una piacevole avventura.

"La scoperta dell'affettività: io e gli adulti" (classi seconde della scuola secondaria di primo grado)
Dai lavori di un piccolo gruppo estrapolo ciò che può riguardare gli adulti.
Domanda: "Cosa suggeriresti agli adulti riguardo a questa tematica?"

- Gli adulti si arrabbiano se a quest'età si ha voglia di esperienze nuove. Non possono pretendere che non sia attratta da un ragazzo che mi piace.

- Alcune volte gli adulti affrontano troppo superficialmente una relazione e pensano soltanto ad avere rapporti sessuali e basta.

- Critico la freddezza di alcuni verso i figli e l'imbarazzo nello spiegare una cosa così naturale e semplice come l'amore.

- In alcuni casi gli adulti sono superficiali riguardo al sesso, perché spesso pensano che facendo sesso si possono risolvere i problemi della coppia senza doverne parlare.

- Gli adulti mettono la sessualità dappertutto e poi non vogliono che noi entriamo nel discorso: ritengono che siamo troppo piccoli e ingenui...

- Gli adulti devono vedere i ragazzi non più come bambini (perché non lo sono più!), ma come persone che stanno cercando di diventare adulte.

- È positivo che gli adulti che conosco parlino senza problemi e non di nascosto da me.

- Per me è molto difficile parlare con i miei sulle esperienze che alla nostra età si fanno. Non possono iniziare loro?

- Ci sono degli adulti che spesso evitano il discorso "sesso" con i ragazzi e, peggio ancora, gli proibiscono di avere il fidanzato/a!

- Gli adulti spesso litigano per cose inutili, anche al di là del sesso. Spesso i litigi riguardano il rapporto di coppia e i sentimenti. Le incomprensioni nascono dalla mancanza di dialogo.

- Gli adulti devono tenere alta la loro complicità e non perdere la passione.

- C'è troppo distacco tra il loro mondo e quello dei ragazzi, diventa difficile confidarsi con un adulto. Un adulto è in difficoltà sul sesso, perciò rinuncio a domandare; forse non ho ancora trovato la persona adatta.

- Dovrebbero saper ascoltare di più.

- Devono prendere sul serio ciò che gli viene chiesto, senza prendere in giro su questi argomenti.

- Gli adulti devono ascoltare le confessioni e le opinioni dei giovani, criticare di meno e cercare di mettersi nei panni dei ragazzi.
- Consiglierei a un adulto di ripensare alle emozioni che ha provato quando era adolescente e cercare di rispondere alle domande che fa adesso ai giovani.

Progetto sulla sessualità: "Lettera a un ragazzo/a non ancora nato/a" (*non ancora nato/a* nel senso di un rapporto affettivo non ancora sorto).
Riporto alcuni vissuti e osservazioni emersi nei lavori di piccolo gruppo con le classi seconde di un liceo.

Esempio n. 1 Caro ragazzo,

non ti ho ancora trovato, ma so che ci sei. Non ho particolari pretese ma la persona che dovrei conoscere dovrebbe accettarmi per quello che sono e soprattutto dovrebbe essere sempre pronta a farmi ridere. Non sono molto pretenziosa perché credo che, se è vero amore, tutto il resto va in secondo piano. Spero di incontrarti al più presto.

Esempio n. 2 Ciao! Lo so che è molto difficile per me scriverti questa lettera, non sono la tipica persona che dice le cose in faccia... Vorrei dirti tante cose ma un quaderno intero non basterebbe. Ti conosco da poco, ma è come se ti conoscessi da una vita! Molte persone mi dicono che non sei il mio tipo "ideale", tutta invidia! So che i momenti passati con te sono stati i più belli di tutta la mia vita! Molte cose al momento non me la sento di dirtele, perché preferirei parlarne direttamente.

Spero solo che questa nostra "avventura" insieme si concluda nel modo migliore, poiché le nostre esperienze passate con altre persone ci hanno fatto riflettere. Sto iniziando ad affezionarmi veramente a te, questo è un periodo difficile per me e tu mi hai ridato il sorriso e il coraggio di andare avanti senza rimpiangere il passato! Grazie per i bellissimi momenti passati insieme... ti voglio bene!

Esempio n. 3 Caro ragazzo, prima di tutto ho bisogno di schiarirmi le idee, per fare un po' di ordine nella mia mente e capire che posto potresti occupare. Penso solo di avere bisogno di una persona che sappia ascoltarmi e capirmi, accettandomi per come sono. Non ho bisogno di conferme, solo di qualcuno con cui condividere i miei interessi e con cui parlare apertamente, senza ripensamenti e rimorsi.

Esempio n. 4 Caro ragazzo, la caratteristica che mi piacerebbe che avessi è quella di farmi sentire la persona più importante, ma anche che mi accettassi per quella che sono e non guardassi tanto il mio fascino e la mia statura. Di sicuro devi essere una persona di cui mi posso fidare. Condividere insieme degli interessi e fare prospettive per il futuro. Ridere e divertirmi con te. Ognuno non deve svelare completamente tutta la sua persona. È bello scoprirla man mano. Mi piacerebbe che manifestassi l'amore che provi verso di me, sia a parole, sia con tenerezze e attenzioni. Non nego che ti vorrei molto bello: con gli occhi verdi, capelli neri e alto.

Esempio n. 5 Ciao ragazzo che non domini ancora i miei pensieri e chissà quando li dominerai. Chissà quante volte mi farai sognare, quante volte mi farai piangere, quante volte litigheremo e soprattutto se tu sarai il ragazzo giusto per me. Trovare il ragazzo perfetto è solo un'utopia, però vorrei che tu mi facessi palpitare il cuore, tremare quando mi baci e vorrei molte coccole, andare a spasso mano nella mano, avere molti amici in comune ed essere proprio una bella coppia.

Vorrei che tu mi facessi molti doni, ma anche cavolate, basta che mi facciano palpitare. Vorrei litigare poco con te e vorrei che tu fossi romantico come sono romantica e poetica io. Peccato che trovare un ragazzo così sia molto difficile... ma se ci sei... trovami! Io sono sempre qui. Ti vorrò bene. By la ragazza non ancora nata nei tuoi pensieri.

Esempio n. 6 Caro ragazzo, non hai ancora le chiavi del mio cuore e forse non le avrai mai perché il freddo assoluto regna dentro di me. Donami il tuo amore e la tua linfa vitale, sognami ogni notte e disegna il mio viso tra le stelle. Scrivimi mille canzoni e poesie, regalami un giglio bianco, amami e odiami come amo e odio me stessa. Scappa con me verso una meta sempre nuova, lascia che il nostro amore sia immorale e anarchico, dammi mille baci, starò sempre accanto a te, anche se questo ci porterà alla follia e alla morte. Io e te non siamo due cose simili... Siamo uno stesso essere e io senza di te non posso vivere.

Esempio n. 7 Caro ragazzo, voglio che tu sappia che io sono una ragazza molto indecisa e che cambio spesso idea. Sono molto dolce ma a volte odio le troppe smancerie. Mi piace ridere e amo le persone divertenti, ma semplici. Ah, una cosa molto importante: mi devi accettare per come sono, soprattutto interiormente. Ti chiedo un solo favore: vai oltre il mio aspetto fisico, sono una ragazza profonda.

Pensa che bello: lasciarci trasportare dai nostri sentimenti, tenerci per mano se ne abbiamo voglia, abbracciarci se ce ne sarà l'occasione. E poi è ovvio, non deve mancare il coinvolgimento sessuale, poter condividere le stesse emozioni e lo stesso amore spensierato. Tu darai un senso alla mia vita. Se avrai bisogno di sfogarti sarò contenta di aiutarti. Ti amerò più di me stessa. Io mi fiderò di te, se tu lo farai per me.

Domanda: "Qual è la più significativa scoperta da te sperimentata nell'ambito affettivo?"

- In una relazione non bisogna illudersi ed essere se stessi, non bisogna fingere.

- Che l'uomo e la donna hanno una relazione, ma la percorrono in modo molto diverso.

- Ho capito quanto bene mi vogliono i miei genitori.

- Non credevo fosse così complesso tutto ciò che è legato alle proprie emozioni verso qualcuno.

- L'importanza di avere sempre qualcuno al proprio fianco, come la famiglia oppure la propria ragazza.

- Innamorarsi ti fa perdere la testa e non pensi ad altro, perdi la concentrazione nel fare le altre cose.

- Non pensavo che una cotta creasse un tal moto di emozioni.

- Da piccola pensavo che i rapporti con le persone fossero come le fiabe, semplici e infiniti, ma mi rendo sempre più conto che non è così, i rapporti sono pieni di insidie e delusioni.

- La difficoltà nel mantenere un rapporto, nell'amore e nell'amicizia.

Domanda: "Qual è la paura più forte che hai in una relazione affettiva tra maschio e femmina?"

- La possibilità di essere tradito dalla mia ragazza.

- Ho una forte paura di essere usata.

- Essere presa in giro ed essere vittima di scherzi in un'amicizia.

- Commettere errori nella scelta del partner e accorgermene solo dopo il matrimonio e soprattutto dopo la nascita dei figli.

- Provare vergogna nel manifestare sentimenti.

- Provare a dare tutto a una persona e dopo avere riscontri negativi, delusioni e dispiaceri.

Domanda: "Qual è nella tua esperienza un fatto positivo e gratificante vissuto in prima persona?"

- Quando parlo con la mia migliore amica dei miei sentimenti, sono contento che non provi gelosia o altre sensazioni che potrebbero rovinare il nostro rapporto.

- In prima media conobbi una ragazza simpaticissima e divenne la mia migliore amica, fu importante perché smisi di stare solo con i maschi e incominciai a essere più aperto con le ragazze; ciò mi ha enormemente cambiato.

- Quando dopo una figuraccia, ho fatto colpo su una ragazza.

- I complimenti di un ragazzo che ricordo ancora adesso e mi ritornano in mente quando qualcuno mi prende in giro.

- Un'esperienza sentimentale questa estate, le prime emozioni relative al bacio; mi sono accorta, però, che quel ragazzo non era quello adatto a me e che le esperienze d'amore in vacanza sono del tutto diverse e false rispetto a quelle della quotidianità.

- Non mi sarei mai aspettata di piacere a un ragazzo.

- Una mia amica di solito molto riservata si è aperta, mi ha raccontato della sua vita; anch'io ho iniziato a dirle tutto ciò che mi passava per la testa. Siamo diventate davvero amiche e l'amicizia si rafforza ogni anno.

Progetto "Sessualità e sentimenti" (classi seconde della secondaria di secondo grado)
"La mia più bella dichiarazione d'amore" (esercitazione in piccolo gruppo)

Esempio n. 1 Guardami o giovine, le cui pupille esprimono la radiosità del cuore. Ricorda che nella vita reale il tuo spirito combattivo è la forza unica contro un mondo cattivo e ingiusto. La mia vita senza di te è come un sarcofago dissotterrato, pieno ma nascosto. Lascia che il mio amore scaldi il tuo cuore, perché le ingiustizie del mondo lo raffredderanno. Lascia che le mie mani ti guidino nel mondo perché altri potrebbero farti perdere l'orientamento ai miei occhi. Lascia quindi che il mio amore per te ci guidi verso un mondo di gioia, lontano dall'effimero e dall'ingiusto.

Esempio n. 2 Sto bene con te! Sei il mio attimo di pace, di bellezza e di puro divertimento, quell'attimo che serve per dimenticare tutte le cose brutte e per essere positivi… Sto veramente bene con te.
Ricordi quando mi sorridevi dal vetro del bar? Ricordi quando ci siamo parlati per la prima volta a casa di tua zia? Ricordi quando sul treno mi guardavi e io mi giravo sorridendo? In quei momenti il mio più grande desiderio era di conoscerti e di parlarti; finalmente quel giorno è arrivato e abbiamo iniziato a condividere ogni giorno insieme.

Esempio n. 3 Ricordi il primo bacio sotto casa mia dopo che avevo trascorso una giornata bruttissima? Io mi ricordo tutto perfettamente! E ricordo anche il calore delle tue mani sul viso che mi asciugavano le lacrime. Ricordo bene anche i tuoi occhi e i tuoi abbracci mentre mi sussurravi che saresti stato vicino a me, che mi volevi bene e che ero una delle persone più importanti della tua vita.

Con te ho condiviso i momenti più belli della mia vita, e anche i più brutti; mi sei sempre stato vicino, anche nei momenti più difficili. Ti voglio un bene dell'anima e grazie per tutto quello che hai fatto e fai per me. Sei una persona speciale e sono contenta di essere venuta quel giorno a casa di tua zia.

Esempio n. 4 Mi piaci veramente tanto… sono solo un mucchio di parole messe insieme se dette così. La verità è che quando sono vicino a te è come se fossi sulla luna, senza pensieri e senza gravità. Quando parliamo sento qualcosa che non ho mai provato, un insaziabile bisogno del tuo affetto. I tuoi sorrisi mi illuminano la giornata e quando non ci sei cresce dentro di me, come un'erba velenosa, il vuoto. Questo secondo me è "piacere" a qualcuno e sarebbe bellissimo se questi momenti continuassero a esistere.

Esempio n. 5 Sei l'unica persona che mi conosce veramente. Ti amo! Sai sempre come sorprendermi.

Esempio n. 6 Non sono molto brava con le parole, spesso quando sono nervosa comincio a parlare all'impazzata, a non ragionare più e a dire cose senza senso. Non so perché, ma quando sono con te anche il giorno più triste diventa splendido, mi diverto e sto bene. Eppure quando ti guardo negli occhi mi imbarazzi, il cuore comincia a battermi a mille, è una sensazione che nessun altro mi aveva fatto provare, strano eh? Beh, il coraggio non è il mio forte, ma quello che ho mi basta per dirti che sei troppo importante, non solo come amico. Vorrei essere qualcosa di più! Io ti amo veramente. Non ci credi?

Esempio n. 7 So che non sei il tipo da lettere romantiche, parole dolci scritte per lettera o altre cose all'antica. Tu sei più il tipo da baci dolci e sms romantici, cose più moderne!
Volevo scriverti questa lettera comunque per dirti che con te ho passato e sto passando momenti bellissimi, da ricordare. Anche se

sto bene con te, non sono il tipo da dirti: "Ti amo con tutto il mio cuore", ma sono più un tipo da: "Ti voglio un casino di bene"; perché mi fai piangere e ridere, mi abbracci e mi baci come se fossi una persona speciale per te.

Stiamo bene insieme perché abbiamo cose in comune e anche non; abbiamo abitudini simili e quando uno di noi non vuole fare una cosa, l'altro si sacrifica.
Ti voglio un sacco di bene perché sono solo una giovane ragazza ancora immatura, perché la nostra relazione si basa sull'affetto, sul rispetto e soprattutto sull'amicizia. Abbiamo passato esperienze brutte, ma anche bellissime e vorrei che la nostra relazione continuasse perché non mi sono mai sentita così bene.

"Gli adulti di fronte a emozioni e sentimenti: noto, osservo e percepisco..." (esercitazione individuale)

Maschi
- Il mondo degli adulti è pieno di sensazioni positive e negative, gli adulti, però, non riescono a esprimerle perché sono troppo indaffarati nel lavoro e hanno anche poco tempo

da dedicare alla persona prescelta.

- Gli adulti sono capaci di esprimere emozioni anche se cercano di trattenersi dal manifestarle, soprattutto quelle negative.

- Gli adulti sono capaci di aiutarsi a vicenda, ma non sono capaci di trattenere la rabbia e la esprimono con le persone che non hanno colpa.

- I genitori o gli adulti a mio parere riescono abbastanza bene a gestire le emozioni, ma non sempre! I genitori sono più positivi che negativi.

- Gli adulti che conosco e i miei genitori riescono a gestire emozioni e a esprimerle, invece certe persone non sanno gestire la loro rabbia.

- Secondo me gli adulti sanno esprimere bene le loro emozioni e ci aiutano quando abbiamo bisogno.

- Ritengo che gli adulti siano capaci di gestire qualcosa di bello ma se riguarda loro stessi; quando un'emozione riguarda altre persone rispondono con la classica frase: "Ma davvero? Mi fa piacere per te!" e non dimostrano vero interesse.

- Molte volte gli adulti riescono a trattenere le emozioni con forza ma ogni tanto noto che scoppiano in pianti sommessi e hanno bisogno di confrontarsi con gli altri. Mi ricordo il primo giorno delle elementari quando mia madre pianse di gioia appoggiandosi alle spalle delle amiche.

- Per me gli adulti sono capaci di mascherare il dolore e lo sconforto, ma sono incapaci di mascherare la gioia e la felicità.

- Gli adulti sono bravissimi a esprimere rabbia, ma non sono molto bravi a riconoscere il torto, quando lo fanno loro.

- Gli adulti sono molto bravi a scaricare certe sensazioni come rabbia, dolore: quando il loro lavoro va male alla fine ci rimettiamo noi. Riguardo alla gioia non se la cavano male a esprimerla, anche se è raro che succeda.

- Gli adulti tentano di nascondere le emozioni, ma se vengono "colpiti" nel profondo da esse si lasciano andare e non riescono più ad arginarle.

- Alcuni adulti subiscono dolore e dispiacere sul lavoro e si disperano andando in depressione, altri invece sanno gestire le emozioni e reagire benissimo ai propri dispiaceri. Le emozioni che provano i miei genitori sono facili da vedere, le esprimono molto bene con espressioni varie.

Femmine

- Certa gente non vuole esprimere le emozioni perché vuole farsi vedere forte, invece è bello vedere gli adulti che si emozionano e parlano di sentimenti.

- La maggior parte degli adulti che conosco esprime le emozioni positive in modo giusto, invece tiene dentro tutte quelle spiacevoli.

- Quando gli adulti sgridano i ragazzi fanno diventare gigantesca una cosa minuscola, tante volte si arrabbiano per niente. Però gli adulti di solito sanno ascoltare e riescono a controllare le emozioni.

- Nel mondo degli adulti noto alcune categorie: i "bambini", quelli sempre vivaci e che vogliono urlare, giocare e scherzare; i "bravi attori", quelli che non si capisce mai se siano felici e tristi; "quelli che si emozionano facilmente", questi molte volte sono presi per i fondelli.

- Alcuni adulti non riescono bene a controllare le emozioni, basta vedere chi uccide: è molto impulsivo. Gli adulti non esprimono bene le loro emozioni, è raro vedere piangere un adulto. Quando sono felici non si fanno prendere dalla gioia, ma sorridono appena appena.

- Gli adulti sono troppo presi dai loro impegni e non si accorgono delle piccole cose della vita, poi si sentono in colpa e non sanno come scusarsi con le persone che hanno trascurato.

- Il mondo degli adulti lo trovo chiuso; alcuni adulti sembra che non abbiano emozioni o sentimenti, sono chiusi dentro se stessi e non si capisce se sono allegri, confusi o altro. Gli adulti si notano solo quando sono arrabbiati: lì sì che sfogano le emozioni a tutto spiano.

- Gli adulti sanno esprimere quello che provano anche a parole e non si vergognano. A volte esagerano, non si controllano, come in televisione: quando si arrabbiano non capiscono più niente.

- Gli adulti a volte sono incapaci di gestire le emozioni, si arrabbiano per cose inutili; sono anche persone esigenti, si credono forti comandando.

- Gli adulti sono molto bravi a mascherare le loro emozioni di rabbia e dispiacere. Molte volte li osservo: cercano di essere grandi, ma si comportano come bambini; fanno finta di essere felici, anche se dentro di loro hanno rabbia.

- Certe volte gli adulti ti sgridano e certe volte ti picchiano; in cuor loro soffrono, non vorrebbero farlo. Certe volte un padre e una madre non ti abbracciano o non ti fanno un complimento perché hanno paura delle loro emozioni. Altri adulti sono forti e facilmente esprimono emozioni.

Progetto "Educazione all'affettività: giochi proibiti..." (esercitazione di gruppo con le classi seconde di un liceo linguistico)

Ognuno sceglie i termini più funzionali per creare una breve produzione, utilizzando la forma preferita (poesia, racconto, testo drammatico, comico ecc.). Segue una discussione sui vissuti esperiti. Elenco dei termini: curiosità, profilattico, dolore, passione, lecito, libido, desiderio, appagante, simulare, vendere, rapporto, prestazione, pressioni psicologiche, illecito, amore, emozione, procreazione, piacere, obbligo, squallido, eccitazione, sentimento, donna, uomo, maschio, femmina, trasgressione, felicità.

Esempio n. 1 Caro, vorrei che fossi più presente nel nostro rapporto invece di dedicare troppo tempo ai tuoi amici. Cerca di darmi più fiducia anche se sei diffidente, voglio che mi racconti tutto della tua vita; se mi tradisci, ti prego di dirmelo e di non fare finta di niente. Cerca di ragionare come un ragazzo della tua età e non come uno di due anni.

Esempio n. 2 Caro ragazzo non ancora nato, vorrei chiederti un'altra possibilità, ho sbagliato! Però il sentimento che provo per te non è mai cambiato, anzi, è molto più forte: so come ci si sente senza di te. Dopo il chiarimento ho scoperto che non provi più niente per me, che io sono soltanto "un'amica speciale": tutti i castelli in aria che avevo costruito sono crollati. I castelli erano tanti, costruiti in anni di interpretazioni sbagliate delle tue parole...

Quando ci si innamora di una persona è difficile guardare le cose in modo obiettivo. Io ti amo anche se dicono che alla mia età non si può amare. Dalle nostre litigate esce sempre qualcosa d'interessante; nell'ultima litigata mi hai detto che non so cosa voglia dire avere una vita incasinata! È vero, non ho genitori divorziati, mia madre non ha un figlio da un altro, però vorrei che tu capissi che anche la vita di una ragazza con i genitori uniti non è facile, soprattutto con due genitori rigidi come i miei. È vero: tu mi incasini la vita, ma sono contenta che sia tu a incasinarmela.

Esempio n. 3 Caro x, per un anno ti ho visto solo come un grande amico, poi ti ho visto come più di un amico: ti ho guardato con gli occhi di una ragazza innamorata. Ho sempre cercato di fartelo capire, l'intenzione di creare una storia c'era anche da parte tua, ma è andato tutto in fumo. Ora tu hai dimenticato tutto, ti comporti da semplice amico. Invece io sono ancora persa per te! Le mie amiche avevano ragione quando mi dicevano: "È ancora un bambino, lascialo perdere, ti userà e poi troncherà, finirà sui due piedi!".

Ora capisco che i tuoi diciannove anni li dimostri solo fisicamente, la tua età mentale è meno di dieci! Ti credevo diverso, di te mi fidavo, mi hai delusa, lasciandomi sola con quella cosa dentro che mi brucia. Sei stato per due anni il mio sogno che custodivo gelosamente, ora sei libero di volare dove vuoi, perché il tuo ricordo mi fa schifo. Grazie a te ho imparato a riflettere prima di agire... Ma dopo tutte queste cose, alla fin fine, io ti voglio ancora bene... Con affetto!

Esempio n. 4 Non è facile parlare d'amore alla nostra età, così dicono. Ma come chiamiamo il sentimento che nasce dalle nostre lacrime? È una miriade di emozioni in un turbine pericoloso, la curiosità del provare invade il nostro animo, varcare la soglia dell'illecito, giocare con la passione, scherzare con il dolore che trafigge! Non sono altro che giochi pericolosi?

Dolore, orgasmo, passione, squallore o obbligo, chiarezza o incomprensione? Il fuoco brucia dentro di noi, siamo sempre più vicini, io ti voglio e tu mi desideri! Ti amo troppo, parola mai detta da me, per paura dei sentimenti che ci saranno tra me e te! Il pavimento si allarga e noi siamo immersi nel gelido fuoco di una valanga! I nostri corpi si completano senza un perché. E il nostro folle amore è bruciato dalla passione! Dante ci farà cadere nel suo inferno? Spero di sì, perché voglio rimanere con te nel girone della lussuria con una passione, con un'eterna eccitazione. Senza più curiosità. Solamente io e la nostra sensualità!

Esempio n. 5 Ho visto una donna obbligata da un "uomo" squallido a vendersi, simulando piaceri e sentimenti, nonostante ciò le provochi dolore. Invece in un rapporto appagante non ci si preoccupa della prestazione perché c'è eccitazione, desiderio e passione.

Esempio n. 6 Quest'estate al mare ho conosciuto un ragazzo che mi ha subito baciato e devo dire che mi è piaciuto. I giorni passavano e il ragazzo si legava sempre più a me, anche se io ero in balia tra lui e l'altro lasciato a casa.

Una sera in spiaggia abbiamo iniziato a baciarci e mi faceva sentire benissimo: finalmente non stavo con un bambino, sembrava quasi un uomo ed era anche molto bravo a farmi eccitare. Poi però ho pensato all'altro ragazzo, lui era a casa ad aspettarmi e io ero qui con un altro, ammetto che è stato molto doloroso.

Per non perdere quella passione che c'era tra di noi ho iniziato a fingere, a simulare e mentre baciavo lui, io pensavo all'altro. Tornati a casa lui ha insistito parecchio, dicendo che non aveva mai provato prima niente di simile con nessuna ragazza (amore forse?). Avrei forse potuto continuare una storia molto intensa con lui, ma sono contenta di averlo lasciato, perché non voglio vendere i miei sentimenti solo per un po' di piacere e di passione.

Esempio n. 7 In un rapporto bisogna avere desiderio di vedere l'altra persona e passione, deve essere anche appagante. In una relazione non ci devono essere pressioni riguardo al fare o al non fare sesso: questo deve venire naturalmente senza nessun obbligo.

Esempio n. 8 Alcune persone considerano il sesso come una cosa squallida, io però penso che non sia così perché fare l'amore è una cosa stupenda tra due persone che si amano. Ho una gran paura del dolore, in ogni rapporto di amore e di passione prima o poi arriva quel momento. Ed è come se non provassi più niente, né sentimenti né desiderio.

Ho voglia di ricominciare, ma è come se fossi bloccata. Sparisce ogni cosa. La sensazione di piacere che sentivo svanisce in pochissimo tempo. Non sono più eccitata e inizio a pensare che tutto sia squallido, che la vita sia squallida. Provo a fingere che vada bene per vedere come me la cavo. Ho tantissime curiosità da soddisfare, ma con la pressione del dolore non riesco, è come se andassi contro i miei piaceri!
Ne vale la pena?

Esempio n. 9 In una storia d'amore è lecito provare sentimenti profondi e veri. In una coppia ritrovarsi per comunicare è una cosa appagante, se l'interesse c'è da entrambe le parti.

Esempio n. 10 L'anno scorso ho letto un libro e a metà libro mi sono fermata. La ragazza all'inizio voleva fare sesso perché spinta da una curiosità adolescenziale, poi il sesso è diventato un'ossessione. Lei vendeva il suo corpo a chiunque, ragazzi, uomini, sconosciuti, anche a più persone contemporaneamente facendolo diventare una cosa squallida.

A mio parere il sesso non è *assolutamente* quello che viene descritto da questo libro. Per due persone innamorate fare sesso può essere un modo per esprimere il proprio amore e anche per divertirsi, perché entrano in gioco vari fattori come l'eccitazione, la passione, il desiderio, il piacere.
Il sesso squallido è quello raccontato nel libro, dove la ragazza si vende a chiunque, simulando l'eccitazione, nasconde il dolore che prova, sottostando a qualsiasi imposizione dei ragazzi.

Esempio n. 11 Cos'è l'amore? Questo sentimento è un miscuglio di vari elementi: la passione, l'attrazione fisica e interiore, la comprensione, la fiducia, un pizzico di gelosia e molti altri elementi. Un uomo e una donna innamorati col tempo imparano a conoscersi, se è amore vero con forti sentimenti, nascerà il desiderio di sposarsi e di procreare. Avere una propria famiglia è appagante e dà soddisfazioni, ma porta anche dolore. In una famiglia ci sono molte pressioni, ma se ci sono affetti e sentimenti profondi le difficoltà rendono la famiglia più forte.

Esempio n. 12 Un mio desiderio passato è stato quello di baciare per la prima volta il mio ragazzo. Inizialmente provavo curiosità per questa cosa. Il mio ragazzo mi piaceva davvero e pensavo fosse amore. Mi sentivo quasi in obbligo a baciarlo, perché volevo e sentivo di dover dare qualcosa all'altro. Quando il momento è arrivato ho provato il piacere di farlo, senza obbligo, un gesto d'amore!

Secondo me le donne sono più legate al sentimento e all'amore e vedono tutto questo in un'ottica diversa rispetto all'uomo. Il desiderio può essere "acceso" da una forte passione per attrazione fisica, per caratteristiche che apprezziamo dell'altro. Però questo deve venire spontaneo, sia per l'uno che per l'altra, non è un passaggio obbligatorio, ma condiviso. Non ci devono essere pressioni o discussioni, non ci si deve vergognare a chiedere spiegazioni anche al proprio lui o alla propria lei e parlare tranquillamente.

Esempio n. 13 Poesia
La passione eccita, ma il piacere non è da vendere
L'amore può portare dolore, la prestazione si può simulare
I sentimenti non sono un obbligo e il desiderio è lecito
Il rapporto tra un uomo e una donna è basato su un progetto
E va al di là di ogni cosa.

Esempio n. 14 La curiosità incide un po', per provare piacere e provare eccitazione... avere il desiderio di fare "giochi proibiti". La voglia magari di provare a fare qualcosa di diverso. Senza esagerare certo! Ci sono persone che lo fanno solo per provare dolore... masochisti... strana gente quella...

Secondo me, la cosa migliore è farlo per passione, perché una persona ti piace veramente, tanto, e quindi farlo ovviamente anche per amore. Uno invece può farlo anche per verificare se le sue prestazioni cambiano; se ti piace di più o se invece resti deluso. Altre ancora (di più le ragazze) lo fanno perché subiscono pressioni o sono obbligate dal proprio ragazzo a fare certi giochi; e qui entra in gioco lo squallore e anche il rifiuto e lo schifo di fare questi giochi, solo per essere accettato da qualcuno.

Esempio n. 15 Essere innamorati! Quando si è innamorati lo noti, c'è qualcosa di diverso nello sguardo. Lui ti dà più tempo rispetto a prima: gesti di attenzioni, sorprese! Ci si diverte di più perché sei più a tuo agio. Ti cerca di più, cambia linguistica, è più interessato a conoscerti, più scherzoso, più disponibile all'ascolto. Si interessa a te, alla tua felicità, si preoccupa di più, è più geloso, parla di te agli amici, ti difende di più. Entra nella tua vita! Completamente!

Esempio n. 16 L'Amore e l'Odio! La vita amorosa è come la passione, piena di gioie e di dolore, pensiero appagante d'amore, eccitazione tra uomo e donna innamorati dalla notte dei tempi. La vita amorosa è obbligo di fedeltà, di lealtà e di responsabilità. L'odio è pari alla prestazione della donna o dell'uomo che offrono il corpo per il desiderio di appagamento: sensazione squallida di curiosità, profumo di denaro, sensazione di infelicità.

Esempio n. 17 L'amore è un insieme di varie cose, tutte importanti, che man mano modellano la vita di ogni persona, possono essere belle o brutte... brutte come il dolore: infatti credo che in quasi ogni rapporto accadano episodi dolorosi che ti toccano e ti cambiano. Ma soprattutto belle, infatti l'amore è un desiderio profondo che racchiude curiosità, passione, è un onore appagante, infatti ogni rapporto, ogni storia modella la personalità e regala qualcosa.

Esempio n. 18 Il rapporto sessuale a volte viene vissuto solo come un'esperienza per provare piacere. Secondo me è un modo un po' squallido per vivere questo tipo di rapporto, perché alla fine il sentimento dell'amore non è più al primo posto, anche se c'è passione non è la stessa cosa.

L'amore è una cosa piacevole che può nascere anche fra due donne e fra due uomini. L'amore si "vive bene" solo se non ci si vende a un'altra persona, così tanto per farlo, se non si simula il piacere, la passione o il desiderio. Dovrebbe essere una cosa "spontanea", cioè che accade perché tutte e due le persone lo desiderano veramente.

Esempio n. 19 Amore è passione, amore è sentimento, amore è piacere, amore è preoccuparsi per l'altro... Se tenete tanto alla persona a cui state accanto, preoccupatevi di lei. Non c'è amore senza passione, non c'è passione senza profilattico, non c'è Uomo senza Donna, non c'è piacere se non c'è sentimento. L'amore è bello, non rovinatelo con pressioni squallide!

Esempio n. 20 L'attrazione fisica suscita curiosità, la curiosità porta alla passione, al desiderio; il desiderio porta all'eccitazione, l'eccitazione a un sentimento che può diventare amore.

Esempio n. 21 Caro, tu sei il mio primo e unico uomo. La nostra prima volta è stata fantastica e appagante: ho sentito il tuo desiderio, la passione che ci legava. La nostra prima volta è successa in un luogo squallido, ma abbiamo avuto emozioni profonde. Però penso che tu abbia avuto pressioni psicologiche, ti sei sentito in obbligo, avevi paura che la tua prestazione non fosse all'altezza… Abbiamo avuto profondi sentimenti e abbiamo fatto molte cose illecite; il nostro, di certo, non è un amore simulato, anzi, quasi curioso, per vedere fin dove saremmo arrivati.

Progetto "C'è un tempo per… l'infanzia… per l'adolescenza"
(lavoro di gruppo con la classe terza della scuola secondaria di

primo grado)

Premesse. Questo progetto cerca di valorizzare il mondo interiore del soggetto (bisogni, desideri, angosce, sentimenti, pensieri…) per far sì che ognuno esprima e concretizzi nel miglior modo possibile le proprie capacità e apprenda a progettare il futuro.

Alcune problematiche relazionali ed emotive – talvolta riflesso del contesto di appartenenza – pesano in misura notevole sui normali iter di apprendimento, sulla concentrazione, sulla memorizzazione, sulla continuità e la motivazione ad apprendere. Un lavoro su alcuni elementi affettivi e relazionali, quindi, può incoraggiare la presa di coscienza dei propri vissuti e delle dinamiche comunicative e avere un influsso positivo anche sul profitto scolastico. Interagendo creativamente, inoltre, gli individui e i gruppi imparano a modificare gli schemi mentali abituali, apportando nuove conoscenze.

Obiettivi. Aiutare gli alunni a scoprire e utilizzare alcune capacità e potenzialità riguardanti: la memoria analitico-sensoriale, la memoria affettiva, i ricordi, la volontà, l'immaginazione, l'attenzione.

Contenuti. Momenti di laboratorio e/o di ricerca per esplorare alcuni aspetti di sé e del gruppo.
Frasi-stimolo: L'immaginazione è l'intelligenza che si diverte. Il gioco è lo spazio creativo tra il sogno e la realtà.

Criteri metodologici. Partecipazione attiva al lavoro di gruppo, ricerca personale e in piccolo gruppo, condivisione di esperienze, esplorazione di modalità comunicative non usuali.

A scuola di persona... col teatro! (classi prime dei licei)
Tre mesi a cadenza settimanale di tre ore per un appuntamento con se stessi attraverso il teatro. Non solo scuola di teatro, ma scuola di vita, di espressività con l'utilizzo di tecniche teatrali (psicocorporee, recitative, vocali, sceniche). L'immedesimazione nei personaggi fa trasparire la propria personalità autentica, la recitazione aiuta a mettere in luce le parti profonde della propria personalità, talune ancora inespresse.

Il teatro è viversi, compartecipare emozioni con gli altri. L'attività

è diretta da un'attrice e da un regista, ma si coordina e interagisce con alcuni docenti e con lo psicologo per raccogliere osservazioni da vari punti di vista. È un progetto di interclasse, con momenti di lavoro in piccoli gruppi su testi non predisposti, ma costruiti creativamente sulle caratteristiche personali dei ragazzi e sulla dinamica di gruppo.
La finzione recitativa stimola a osare, fa crescere!

Da un giornalino studentesco con rubrica assegnata allo psicologo dal titolo "L'aggiustatutto"
Domanda: "Come faccio a sapere se mi sono innamorata del tipo giusto per me? Mi piace, come farmi avanti?"
Risposta: C'era una volta un principe azzurro che cavalcava un nobile destriero... ma credo non l'abbia mai incontrato nessuno. Ti sei innamorata dell'ideale di ragazzo e, come ogni ideale, sembra perfetto. Sappi che non esiste nessuno perfetto in tutto!

Perché non provi a mettere alla prova il tuo ideale, a porre il "principe azzurro" di fronte alla vita di tutti i giorni? È principalmente nel quotidiano che si costruisce la coppia. Fai il primo passo per farti conoscere, ma cerca di farlo per te stessa più che per lui e comincia a farlo in ogni occasione che ti si presenta. Fai conoscere le tue qualità alle persone per te significative, senza tirartela come magari dici che fa lui. Ciò non potrà che farti bene, indipendentemente dalle reazioni del "tipo". Aiutati a far emergere le tue doti, partendo prima da situazioni meno coinvolgenti, più neutre.

Tieniti anche i sogni, ti possono aiutare a progettare, però aumenta la tua autostima e affronta il confronto – che per ora ritieni perdente – con le altre ragazze. Buon aumento di sicurezza e di femminilità!

Domanda: "Io gli voglio un bene dell'anima, ma lui mi tratta male..."
Risposta: Per voler bene non è necessario farsi del male ed essere sempre disponibili. Come il troppo zucchero, la troppa accondiscendenza e la troppa pazienza... quasi quasi sollecitano qualcuno ad approfittarne e non lo educano a tener conto che l'amore non è una strada a senso unico, ma a due corsie e a doppio senso di marcia.

Talora si cerca la propria individualità non dentro di sé, ma

"investendo" su qualcuno che possiede alcune caratteristiche che si vorrebbero possedere. Ascolta il tuo cuore, spesso il bisogno di amare ed essere amati fa accelerare troppo: il desiderio e l'attesa fanno parte dell'amore. Impara a confrontarti con i tuoi bisogni di essere accolta, riconosciuta e trattata con calore e affetto. Poi troverai l'amore che cerchi. Se ti va, parliamone approfonditamente a quattr'occhi.
Felice attesa e buona crescita della tua personalità!

P.S. Mi avete affibbiato la rubrica "L'aggiustatutto"…sarebbe più indicata per il Padreterno, ma lui interviene poco direttamente e lascia liberi noi di "lavorare per il possibile".

Gli alunni osservano e chiedono
Oltre alle osservazioni dei ragazzi riportate nei capitoli precedenti, ho raccolto alcune ricorrenti e significative osservazioni, desideri e suggerimenti che gli alunni hanno espresso in modo variegato, a voce o per iscritto, durante molteplici colloqui individuali o in attività di gruppo.

I ragazzi desiderano che gli adulti:

sorridano di più; riconoscano l'impegno anche se c'è un brutto voto; guardino più in faccia quando parlano; si relazionino con un po' più di umorismo; facciano attenzione ai progressi e anche ai piccoli cambiamenti; salutino con più calore; si accorgano delle reazioni corporee dei giovani per valutare meglio le emozioni in quello che dicono; non scarichino su di loro i problemi dei grandi ("Qualcuno non ha fiducia in se stesso e poi se la prende con noi", ha scritto un ragazzo).

In particolare sperano che gli insegnanti:
tengano conto anche di alcuni aspetti della vita extrascolastica; siano capaci di differenziare il modo di esprimere commenti negativi (per esempio, comunicarli solo a tu per tu e non davanti alla classe); facciano qualche volta battute rilassanti in classe; spieghino in modo "leggero" cose serie e pesanti; mostrino sincero dispiacere se un alunno va male ("Ma gliene importa qualcosa?", afferma qualche alunno).

Inoltre, che:
lascino tempo per studiare anche con i ritmi individuali; non facciano differenze e non siano più indulgenti con qualcuno;

sappiano riconoscere quando si sbagliano o si confondono ("Tanto non perdono il ruolo!", osserva qualcuno); siano meno rigidi col corpo; siano meno attaccati ai pregiudizi negativi su un alunno ("Io sono cambiata un po', ma l'insegnante pensa ancora negativo!", afferma una ragazza); evitino che la critica superi la gratificazione.

E ancora, che:
siano capaci di conversare su tematiche varie, non solo scolastiche; non banalizzino o ridicolizzino le questioni giovanili; riconoscano di più i sentimenti e le emozioni; facciano vedere con un certo entusiasmo che la loro professione gli piace; accettino il confronto senza dare l'impressione di avere la soluzione in tasca; non penalizzino un errore piccolo con la stessa severità di quello grosso, soprattutto a livello di comportamento.

E per finire, che:
non credano che facendo fare più compiti, come quantità, automaticamente si impari meglio; si mettano d'accordo con gli altri colleghi per una uniformità di valutazione; tengano conto che ci possono essere momenti critici (es. lutti) o momenti anche positivi (es. innamoramenti) ma sconvolgenti per l'esistenza ("A

loro non è mai capitato?", nota un ragazzo); non diano la sensazione di credere che se uno va male in qualcosa, allora è una persona negativa in tutto e per tutto; non ripetano alcuni ritornelli in modo generico o generalizzato ("Potrebbe fare di più", "Devi impegnarti di più"); evitino confronti negativi ("Guarda il tuo compagno!"; "Non sei come tuo fratello/sorella che ho avuto negli anni scorsi").

Ho raccolto vari scritti dei ragazzi, decisamente interessanti e profondi che meriterebbero di essere raccolti in un'antologia; riporto qui solo la lettera di una ragazza di una scuola secondaria di primo grado.

"Cara mamma, dato che quando discutiamo tendo a risponderti male, ho deciso di scrivere tutto. Premetto che negli ultimi mesi non mi sono impegnata a scuola, però nei prossimi mesi non continuerò più così! Io non voglio deluderti perché so quanti sacrifici hai fatto per farmi fare una buona scuola; però devo anche ammettere che è molto difficile. I prof continuano a dire che le capacità le ho ma non mi applico, che palle!

Non è semplice, per loro è facile dire così. So che la scuola e i suoi problemi sono niente in confronto a quelli quando si è adulti, ma le cose io le vedo diversamente: ho tredici anni non venti! Tu mi paragoni sempre a te, che eri la ragazza *perfetta*, che aiutavi in casa, che eri più brava di me a scuola. Io non voglio deluderti anche se spesso lo faccio.

Molto probabilmente in questi giorni prenderò la pagella... Ti avviso che non sarà molto bella. La settimana scorsa ho parlato con il preside, mi ha detto che ha fiducia e gli ho promesso che voglio migliorare. La profe di matematica mi ha detto che tutti in terza media calano per i problemi adolescenziali, lei ha detto anche in consiglio di classe che ha fiducia in me e che, come altri alunni, ho solo avuto un periodo di crisi. Gli altri profe la pensano come lei.

Non mi interessa se mi ritiri pc, telefono o TV, o se me li ridai... Vorrei solo che mi parlassi normalmente senza urlare, andando avanti un giorno intero. Per favore, dimmi tutto subito, non smettere e poi continui due giorni dopo. Io starò zitta e ti ascolterò. Mamma, ti prometto davvero che migliorerò in tutto: casa, scuola... tutto. Hai sei ore per pensare a quello che ti ho scritto... Spero tu capisca... Ti voglio bene!

Maria (nome modificato, nome seguito da un cuore)
*Sono consapevole sì... sono una fallita. Ok mi chiedete solo di studiare. Ok sono una cogliona. Ok sono una rimbambita. Ok non sono niente... Sai quante volte piango a casa quando non riesco a far le cose?!? Piangerei per ore... cazzo!"

Tutti i precedenti vissuti, osservazioni e considerazioni invitano a riflettere per cambiare in meglio. L'adulto si propone, che lo voglia o no, come modello evolutivo, esempio di autocontrollo e riferimento per le varie attività.

I ragazzi sono il nostro futuro; una nazione senza futuro si autodistrugge. Il Servizio Psicologico interviene per sollecitare una conoscenza più precisa di se stessi (soprattutto negli aspetti positivi), per migliorare l'autostima ("L'autostima è il sistema immunitario della coscienza", scriveva N. Bandura), per allenarsi a essere più sicuri e a comunicare in modo più proficuo con la famiglia, con gli insegnanti e con i coetanei.

L'acquisizione del sapere passa prima per i canali emotivi, poi per quelli intellettuali. La motivazione ad apprendere, l'interesse non scattano se non si instaura un legame emotivamente positivo con il docente o comunque con l'adulto. L'apprendimento passa attraverso una buona relazione; l'educazione si costruisce attraverso buone relazioni tra il ragazzo e gli adulti di riferimento. Scriveva Goethe: "Sapersi amato dà più forza che sapersi forte". Sentirsi amato, accettato per come si è, dà più forza che sentirsi forte.

Altre frasi dei ragazzi fanno capire come gli adulti possano stimolare la costruzione di un'identità positiva ed evidenziano l'importanza dei fattori psicoaffettivi e relazionali.
"Durante la gita ho parlato con la prof. per un po' e mi ha fatto capire che ho delle capacità da sfruttare... mi è scattato qualcosa."
"Ho scoperto che il mio prof. mi stima, al di là di come vado a scuola nella sua materia."
"Solo in pochi se ne sono accorti, ma ora credo di più in me stesso e ci prendo più gusto a fare le cose... pure a scuola."

Altri interventi del Servizio Psicologico
1) Somministrazione di vari questionari o test centrati sul saper essere, sulle potenzialità personali, sulle intelligenze multiple.

Per esemplificare:

- AMOS (strategie di studio);
- TRI (test relazioni interpersonali);
- Test per livelli di attenzione;
- Abilità sociali;
- Come mi vedo ("La mia carta di identità attuale", profilo auto-valutativo);
- Come mi presento (modulazione dell'immagine di sé);
- Organizzazione nello studio;
- Motivazione intrinseca ed estrinseca;
- Monitoraggio dell'intelligenza emotiva;
- Chiarimento obiettivi personali;
- Ascolto passivo e attivo;
- Capacità di autovalutazione;
- Gestione dell'aggressività, della rabbia;
- Saper mantenere i progressi;
- Rilevazione pensieri funzionali e disfunzionali, pensieri ansiogeni ed "evolutivi";
- Questionario di percezione di competenza;
- Test dell'ansia e della depressione;

- Gestione dello stress;
- Gestione efficace del tempo;
- Consapevolezza degli stati emotivi e/o del rilassamento con tecniche di mindfulness;
- Integrazione sociale;
- Test clinici di personalità.

2) Attività di approfondimento interdisciplinare:
- Intervento nelle settimane di approfondimento con lavori di interclasse (dipendenza da web, da gioco d'azzardo problematico e patologico; varie problematiche giovanili);
- Partecipazione ad alcuni collegi docenti e a vari consigli di classe per situazioni specifiche o per progetti programmati dalla scuola;
- Collaborazioni e colloqui formali e/o informali con i docenti per progetti di classe e/o individuali;
- Referente tutor di studenti universitari del corso di laurea in psicologia o in materie affini. Consulenza per la stesura di alcune tesi di laurea.

RIEPILOGO CAPITOLO 3:

Progetti realizzati con gli alunni:

- Orientamento del Servizio Psicologico: quarantadue indicatori di personalità
- Progetti Accoglienza con le classi prime
- Scuola in movimento
- Progetti di educazione affettiva e sessuale
- Attività integrative di approfondimento
- Altri interventi del Servizio Psicologico

Capitolo 4:
Progetti realizzati con e per gli adulti

Di seguito sono presentati sinteticamente alcuni esempi di progetti, di attività e di strumenti realizzati dal Servizio Psicologico in collaborazione con i genitori o con i docenti.

Laboratorio "form-attivo" per tutti i genitori
(Attivato per dieci anni in collaborazione con una docente e con l'apporto, a seconda delle tematiche, di altri docenti interni e del dirigente o coordinatore didattico)
È stato attivato un gruppo di genitori su varie tematiche e con l'utilizzo di metodologie attive. È stata valorizzata la discussione compartecipata in gruppo e la condivisione di esperienze concrete, anche con la produzione di elaborati originali.

Ecco alcune tematiche trattate:
- In viaggio, cercando maternità e paternità. Come essere famiglia con i figli.
- In viaggio, cercando bellezza. Quale bellezza? Tra bellezza

interiore ed esteriore.
- In viaggio, cercando speranza. È ancora possibile aver fiducia in qualcosa di valido e di significativo?
- In viaggio, cercando i valori del Bene, il bene dei valori. Quali valori in tempi di crisi?
- In viaggio, tra crisi del valore e valore della crisi.
- In viaggio, alla ricerca di comunicazione vera. Grande Fratello o grande fardello? Social network, le tante facce della comunicazione. Etica della comunicazione e comunicazione dell'etica.

Un esempio di mappa riferita all'ottavo anno di attività:

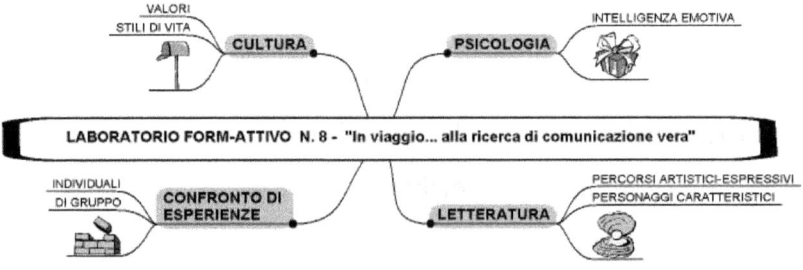

Gruppo genitori con format specifico
Un gruppo di genitori ha stilato un proprio statuto e una scuola ha

chiesto allo psicologo di essere referente scientifico e tramite tra scuola e famiglie. Il gruppo ha programmato le attività in base al seguente "format":

- Lavoro attivo di gruppo a vari livelli, con molteplici modalità operative (non solo conferenze);
- Approccio interdisciplinare (ottica ampia nel trattare le tematiche);
- Collegamento puntuale con i progetti realizzati dalla scuola con i loro figli;
- Raccolta di vissuti, osservazioni e quesiti, partendo dalla realtà concreta di alunni e genitori;
- Realizzazione di un "archivio di esperienze" (*community bank*) per aggiungere "memoria storica" ai progetti, per valorizzare l'apporto specifico personale o della professione dei genitori e per consentire una fruibilità positiva ad altre persone o gruppi interessati.

Ecco in breve alcuni percorsi formativi realizzati:
"Educare ai sentimenti e alle emozioni": come l'intelligenza emotiva aiuta il percorso di crescita dei bambini, dei ragazzi e

anche degli adulti? È stato attivato un laboratorio operativo con un attore e con lo psicologo per sperimentare le valenze educative dell'umorismo e della risata, unite ad alcune riflessioni raccolte in un fascicolo operativo con l'aggiunta di un test sulle capacità di umorismo. Tale laboratorio ha avuto due programmazioni: al mattino con gli alunni del triennio del liceo linguistico e al pomeriggio con vari genitori.

"Non cadere nella rete. Viaggio reale nel mondo virtuale": cosa è il reale e cosa è il virtuale? Il virtuale è reale o irreale? Un laboratorio con un folto gruppo di genitori ha verificato le implicazioni operative dell'uso delle nuove tecnologie. L'applicazione di un test sull'uso di internet ha precisato gli aspetti quantitativi e qualitativi. Una domenica di attività e di giochi a scuola con gli alunni e con i genitori ha concluso il percorso.

"Sono io che cambio il mondo: mai più burattino!": una rilettura del libro *Pinocchio*. Sono io che cambio il mondo: diventare autonomi e responsabili. Varie attività operative hanno costellato il percorso.

"Alimentarsi con la testa e il cuore: assaporare sapere e sapori!": approfondimento della nutrizione da vari punti di vista: dietetico, chimico, medico, psicologico, culturale, emotivo. È stato attivato un laboratorio sull'alimentazione con gli alunni, con l'aiuto dei genitori e dello psicologo.

"SporTiAmo": la funzione educativa delle attività sportive e di tempo libero è stata trattata da vari atleti e specialisti in ambito sportivo.

"Dinamiconcert": collegato al gruppo dei genitori si è svolto per vari anni un concerto con l'obiettivo di favorire la socializzazione tra genitori, alunni, docenti e di poter esprimere concretamente le variegate capacità espressive. Numerose sono state le adesioni agli eventi nel corso degli anni (alunni, genitori, presidi e docenti) e un folto pubblico ha sempre sostenuto le varie esibizioni artistiche.

Ciclo di incontri per genitori: "Leoni, conigli e tartarughe: l'affettività tra bullismo e sentimento sociale"
"Il fallimento è ritardo, non sconfitta." (John Maxwell)

I leoni artificiali, i conigli paurosi, le tartarughe astensioniste non sono capaci di perdere, di tollerare la sconfitta: contano più gli errori che le soluzioni, i rimedi.

Saper riconoscere la finalità delle emozioni distruttive, per incanalarle verso modalità utili alla comunità, è un compito importante per ogni educatore. La comunicazione positiva dei propri vissuti aiuta a vivere meglio e accresce l'autostima. Stimolare il coraggio di prendersi le proprie responsabilità contribuisce a far evolvere qualità essenziali per lo sviluppo della personalità e della socialità.

Si può provare a immaginare, provare a vedere, provare a sentire e a percepire quell'occasione, quell'esperienza in cui ci si è sentiti inferiori, inadeguati. È importante aver ben chiaro in testa quel fatto, percepirlo bene, sentirne chiaramente i contorni: ciò che si vede, ciò che si sente, perfino – talora capita – ciò che si coglie riguardo ai profumi, agli odori, ai fruscii, alle piccole percezioni. Cosa ci è passato per la mente quando ci si è sentiti inferiori, inadeguati, svalorizzati?

Cosa accade quando un individuo si sente emarginato, perdente o con la sensazione di non contare niente? Cosa succede in un gruppo quando una o più persone si sentono inferiori, inadeguate, svalorizzate? Sappiamo tutti cosa significa un confronto impari: la sgradevolezza di sentirsi inferiori, il vissuto di svalorizzazione, il non sentirsi capiti.

La sofferenza psicologica individuale o di gruppo, se non risolta, si trasforma in un danno per la collettività. Chi percepisce di essere inferiore, di essere inadeguato, di essere emarginato, chi percepisce di non essere un leone vero taglia i rapporti con la società o con la comunità di riferimento. Chi soffre profondamente più facilmente diventa distruttivo, anche socialmente; però non rinuncia al desiderio di vincere, di avere un ruolo, di contare qualcosa. E gli esiti possono essere tre.

Il leone artificiale: cerca di far perdere gli altri, rompe, entra a gamba tesa, butta giù gli altri dal loro piedistallo piuttosto che costruirne uno per essere positivamente alla pari (bullismo, criminalità, illegalità varie). Se non può avere un ruolo per via sociale, ha un ruolo per via antisociale.

Il coniglio pauroso: mente, inganna, è passivamente aggressivo, parla alle spalle con maldicenza, è ipocrita nei rapporti, teme di comunicare apertamente, fugge codardamente dalle responsabilità. Ha un ruolo per via asociale.

La tartaruga astensionista: diventa passiva, si blocca, nessuno la smuove, non esce dal proprio guscio. Piuttosto che giocare e rischiare di sbagliare non gioca e afferma che non le interessa niente, non dà l'apporto al gruppo. Ha un ruolo astenendosi.

Tutto ciò veicola sofferenza, non solamente per l'individuo ma anche per il gruppo. Prendersi cura, curarsi, guarire è vivere avendo un ruolo positivo nella comunità. Guarire significa avvicinarsi, entrare o rientrare nella società. È l'esatto contrario della logica del tumore che cresce e si sviluppa, ma a scapito dell'intero organismo, con una dinamica autodistruttiva.

Il nevrotico utilizza le sue finzioni, le sue costruzioni personali per aumentare la distanza dal contesto sociale: si costruisce un guardaroba di maschere e ingigantisce le paure e i pericoli per astenersi dalle scelte e dai progetti.

Allora che fare?

Prendere consapevolezza dei vari fenomeni, non minimizzare, non fare finta di niente (tanto passerà; sono episodi che capitano; sono solo ragazzate!; aspetto che passi questo momento critico).

Promuovere la cultura dell'ascolto, ma vero e profondo; l'ascolto attivo delle emozioni (un ragazzo ha affermato: "Non posso dialogare con i miei, hanno già la loro soluzione in tasca!"). Offrire attenzione al vissuto emotivo, far emergere paure, emozioni, sentimenti senza giudicare prima. Per esempio, si può dare spazio all'espressione della rabbia, se non è distruttiva, senza intervenire subito con commenti che limitano la comunicazione.

Il linguaggio non è solo un mezzo di comunicazione, ma anche uno strumento ludico, un prolungamento della felicità di stare insieme. Può essere stupore condiviso davanti al piacere e compartecipazione liberatoria di sofferenza. Il linguaggio diventa, perciò, compartecipazione e stupore in presenza del piacere e della sofferenza; non più solo linguaggio di comunicazione ma linguaggio di comunione.

Servono occasioni e anche luoghi studiati per l'attenzione reciproca, la tenerezza, la riflessione aperta; servono luoghi studiati per l'arte, luoghi per esplorare e scoprire gli aspetti amichevoli di ognuno. Va favorita l'autostima, in ogni modo possibile.

Quindi, scegliamo di essere leoni artificiali (tigri di carta, violenti per debolezza, aggressivi per paura), conigli paurosi (che scappano dalle esperienze, ipersensibili timorosi) e tartarughe astensioniste (pigre, bloccate, rinunciatarie, senza iniziativa), oppure decidiamo di essere leoni veri (con sana aggressività, grinta costruttiva), conigli autentici (sensibili e raffinati degustatori attenti alle sfumature) e tartarughe naturali (corazzate contro le avversità e aperte alla lentezza meditativa e creativa)?

Le istituzioni educative, in particolare le famiglie, possono educare ad affrontare il sentimento di inferiorità, sviluppando l'autostima e il sentimento sociale e, in tal modo, favorire l'evoluzione anche della società. Occorre contrastare la malavita organizzata costruendo "una benevita organizzata": con le qualità di un leone vero, di un coniglio autentico e di una tartaruga naturale.

Ricerca sulla motivazione

Dati raccolti con una ricerca del Servizio Psicologico e analizzati successivamente nei vari organismi di rappresentanza di docenti e genitori. L'obiettivo era capire con precisione cosa motivasse i ragazzi a studiare e cosa li frenasse, per poter intervenire meglio dal punto di vista educativo. Numero alunni interessati: 557, della secondaria di primo grado e dei licei; qui sono presentati solo i dati accorpati e non suddivisi per età o classe.

I motivi per studiare, per andare a scuola

(Tre scelte possibili; sono segnalate in corsivo e con le percentuali le prime sette scelte in graduatoria)

N. scelte

- *184 (33%): Studio perché l'istruzione è essenziale per la professione futura.*
- *121 (21,7%): Con un titolo di studio potrò svolgere lavori migliori e di prestigio.*
- *113 (20,2%): Voglio dimostrare a me stesso che valgo.*
- *90 (16,1%): Voglio farmi una cultura perché è utile in futuro per costruire una famiglia.*
- *90 (16,1%): Studio perché è mio dovere.*

- *90 (16,1%): Studio perché voglio evitare la bocciatura e altri fastidi collegati a essa.*
- *88 (15,7%): Se studio, mi sento soddisfatto e contento/a di me stesso/a.*

- 81: La comunicazione positiva con i miei compagni è uno degli aspetti più soddisfacenti della scuola.
- 58: Imparo con curiosità.
- 57: Studio per far contenti i miei genitori.
- 52: Desidero saper tante cose nuove e approfondirle.
- 43: Vado a scuola perché così riesco a far maturare meglio la mia personalità.
- 34: Studio perché sono obbligato.
- 33: Desidero far vedere agli altri che sono capace.
- 17: Chissà per quale motivo... però mi piace studiare.

Altri motivi: perché imparare è divertente e sono contento di capire; perché in tal modo ricevo dai miei genitori un premio che mi interessa; perché i prof. generalmente suscitano il mio interesse; perché desidero essere stimato dai miei insegnanti; perché voglio ricevere valutazioni positive; per evitare brutte figure e non essere preso in giro; perché ci vanno tutti; per andare alle gite; così mi fanno studiare chitarra; a scuola mi diverto; così non lavoro; per piacere personale; per l'ambizione, padrona potente e malvagia.

I motivi per non studiare, per non andare a scuola
N. scelte
- *178 (31,9%): Non capisco a cosa servano certi argomenti.*
- *158 (28,3%): Non mi interessano alcune materie di studio.*
- *104 (18,6%): Studiare per me è molto stressante.*
- *101 (18,1%): Sono annoiato.*
- *80 (14,3%): Studiare toglie energie per fare altre cose.*
- *73 (12,6%): Alcune materie sono troppo difficili e non mi sento capace.*
- *72 (12,4%): I prof. generalmente non suscitano il mio interesse.*

- 46: Perché non mi piace qualche prof.
- 34: Sono obbligato, altrimenti non andrei a scuola.
- 27: Non mi sento all'altezza dei miei compagni.
- 17: Non credo di avere le energie sufficienti per studiare.
- 9: Studiare perché? Tanto capisco poco lo stesso.

- 4: Per fare un dispetto ai miei genitori.

Altri motivi: perché mi hanno già interrogato (5); stanchezza (5); troppo da fare (4); non ci sono motivi per non studiare (3); la TV (2); motivi personali (2); non ho niente da fare; non ho voglia; perché mi rompo le scatole; per le preferenze dei prof; per gli amici; per suonare il mio strumento; perché è inutile continuare avendo gli stessi risultati; io studio ma qualcuno vanifica tutto per disonestà; impegni sportivi; manca meritocrazia; ho altre cose migliori da fare; ho sonno; perché trattano argomenti poco interessanti; perché sono troppo sicuro delle mie conoscenze; prof troppo duri; in certe materie più studi e meno rendi; ritenere di non farcela; troppa pressione.

Una ricerca con il test Q-PAD nel biennio dei licei
Dopo la somministrazione del test, la rielaborazione dei dati a cura del Servizio Psicologico è stata dettagliatamente illustrata al consiglio di istituto. Oltre ai dati positivi emersi, l'analisi è servita per programmare un intervento con gli alunni relativo all'autostima e al benessere emotivo.

Sono stati raccolti i vissuti degli alunni relativi a nove aree:
- *insoddisfazione corporea* (insoddisfazione per l'aspetto fisico, per il proprio peso, con implicazioni possibili sulle condotte alimentari potenzialmente problematiche, dismorfofobie);
- *ansia* (manifestazioni di ansia in ambito scolastico, nei rapporti interpersonali e nel contesto familiare, o causate dai dubbi sull'identità di genere);
- *depressione* (manifestazioni di tristezza, malinconia, chiusura sociale);
- *abuso di sostanze* (utilizzo di sostanze psicoattive);
- *conflitti interpersonali* (comportamenti oppositivi, sospettosi, distanziamento sociale);
- *problemi familiari* (dissapori o vissuti di incomprensione con la famiglia);
- *incertezza sul futuro* (preoccupazione, indecisione verso il proprio futuro scolastico o esistenziale);
- *rischio psicosociale* (disimpegno dell'adolescente verso compiti normativi o aspettative sociali);
- *autostima e benessere* (benessere percepito, giudizio positivo su di sé, equilibrio psicofisico).

Un esempio di strumento semplice per raccogliere i dati degli alunni in modo coordinato

Assieme al Servizio Psicologico gli insegnanti della scuola compilano in modo agile solo le parti ritenute più opportune dal punto di vista didattico, educativo e relazionale.

SCHEDA DI RACCOLTA DATI IN MODO COORDINATO
ALUNNO/A…………………………..CLASSE ……………

Rilevazione degli aspetti positivi e negativi riferiti alle varie aree, incluso il rapporto con l'insegnante
(specifici, concreti, episodi anche minimi di collaborazione)

Area comportamentale……………………………………………
……………………………………………………………………
Area linguistica, letteraria…..……………………………………..
……………………………………………………………………
Area logico-matematica……………………………………………
……………………………………………………………………
Area lingue straniere………………………………………………
……………………………………………………………………

Area artistica, espressiva, motoria……………………………………..
………………………………………………………………………..

**Materiali o produzioni che esemplificano progressi,
acquisizioni positive o aspetti negativi o disturbanti**
(prodotti di laboratorio, disegni, elaborati vari, fatti specifici)
………………………………………………………………………..
………………………………………………………………………..

**Osservazioni riguardanti le dinamiche relazionali
del gruppo-classe**
………………………………………………………………………..
………………………………………………………………………..

Suggerimenti e proposte per interventi futuri
(metodologici, didattici, educativi, sia a livello individuale
che di gruppo)
………………………………………………………………………..
………………………………………………………………………..

Periodo dal………………. **al**…………………..

RIEPILOGO DEL CAPITOLO 4:

Progetti realizzati con e per gli adulti:
- Laboratorio "form-attivo"
- Percorsi con format specifico
- Ricerca sulla motivazione
- Scheda per raccolta dati in modo coordinato

La parola ai presidi

Domanda: "Quale aspetto del Servizio Psicologico è stato per te maggiormente caratterizzante? C'è un'iniziativa che sceglieresti per esemplificare un aspetto positivo?"

Domenico Gualandris, preside della scuola secondaria di primo grado "Collegio Sant'Alessandro" e dei licei "Opera Sant'Alessandro di Bergamo"
Non è semplice riassumere i vari aspetti su cui si è indirizzato negli anni il Servizio Psicologico. L'aspetto caratterizzante è il rapporto efficace che si stabilisce tra famiglia, dirigenza e consiglio di classe nei momenti di fragilità sia dello studente, sia della famiglia, sia dei docenti. Il Servizio Psicologico intensifica il ruolo di ascolto delle tre componenti e, tramite il confronto fondamentale con il coordinatore delle attività didattiche, contribuisce a chiarire le questioni in essere e a trovare soluzioni efficaci.

Importanti sono gli incontri di consulenza dello psicologo con i ragazzi, con i genitori – che spesso portano difficoltà di gestione delle fatiche scolastiche dei figli – e con i docenti. Questi in particolare ricevono una descrizione della personalità dello studente e del suo vissuto familiare in una prospettiva molto diversa e utile per migliorare la relazione con l'alunno.

Per prevenire alcuni momenti di crisi è necessario conoscere meglio gli alunni: per questo la nostra scuola punta molto sul "Progetto Accoglienza", sia nella secondaria di primo grado, sia nei licei. Il progetto ha avuto una notevole revisione e decisiva è stata la presenza dello psicologo per progettare e coordinare gli interventi dei docenti. L'accoglienza non è circoscritta al primo periodo scolastico, ma è attiva anche per gli studenti che, per motivi diversi, si iscrivono durante l'anno.

Giovanni Quartini, preside della scuola "Capitanio" di Bergamo, primaria e secondaria di primo grado
In questi anni il Servizio Psicologico si è distinto per una realizzata "immersione" nelle vicende educative della scuola. Non si è limitato a restare a lato, quasi un elemento aggiuntivo della normale vita scolastica, ma si è integrato nelle numerose iniziative della scuola primaria e secondaria di primo grado. È divenuto

atteggiamento normale del corpo docente, ma anche del personale educativo dell'istituto, pensare che ogni vicenda personale degli alunni, come ogni traversia affrontata dalle famiglie, debba ricevere l'aiuto qualificato e integrato di figure diversificate per competenza.

Tra queste figure rientra a pieno titolo, nel ruolo di aiuto, consiglio e indirizzo, la figura del nostro psicologo dott. Davide Pagnoncelli, chiamato a essere presente sia nei momenti di dialogo personale, sia in quelli strutturati della vita delle classi o del corpo docente.
Per i nostri ragazzi, per i nostri genitori e per i nostri docenti è divenuta cosa normale ritenere che le diverse situazioni debbano essere affrontate anche consultando il Servizio Psicologico, come valido strumento per interpretare e leggere i segnali quotidiani trasmessi dalle varie "personalità in divenire".

Due possono essere, tra le tante, le iniziative da segnalare: nella scuola primaria le numerose situazioni critiche che le maestre scorgono e che leggono come primo passaggio, sempre, assieme al Servizio Psicologico per un consiglio e una metodologia di interpretazione: da ciò nascono indirizzi o specifiche osservazioni delle diverse situazioni. È prassi che le famiglie siano informate di questo coinvolgimento e che possano trovare nel Servizio un punto d'ascolto.

Nella scuola secondaria di primo grado segnalo l'integrazione e la presenza concreta e diretta del Servizio Psicologico in alcuni momenti forti della vita dei ragazzi e delle famiglie: accoglienza, educazione all'affettività, educazione alla sessualità, orientamento post diploma.

Infine, aggiungo l'estrema facilità con cui è possibile scambiare informazioni e punti di vista tra la presidenza e il Servizio Psicologico: occasioni che si concretizzano settimanalmente grazie a semplici ed efficaci scambi di opinione presso l'ufficio del preside.

Moroni Mariella, ex preside della scuola "Capitanio" di Bergamo, primaria e secondaria di primo grado
Il Servizio Psicologico ha cambiato il mio modo di considerare lo psicologo: non l'ho più visto come un suggeritore che mi doveva dire cosa fare e come agire con lo studente, ma come colui che mi stava vicino, mi portava a chiarire il mio cammino personale e

professionale col ragazzo. Prima volevo che lo psicologo mi indicasse la via precisa, lo consideravo il negozio dove comprare – quasi a scatola chiusa – le strategie da mettere in atto o il metodo per arrivare a capire i problemi del soggetto che mi metteva in crisi.

Invece il Servizio Psicologico mi ha accompagnato, mi è stato vicino e mi ha mostrato cosa era preferibile che io notassi, cosa era essenziale che io vedessi, cosa era importante che io osservassi dello studente in difficoltà o semplicemente del ragazzo che in quel momento mi era quasi estraneo. Caratterizzante è stato proprio vivere la quotidianità del mondo della scuola: vivere lo stesso clima, il confronto non una tantum, ma costante, vivere e rielaborare le medesime emozioni e le tensioni dell'ambiente scolastico, osservare l'alunno nelle varie fasi di crescita. In tal modo anche l'orientamento, sia scolastico che della personalità, è risultato per me molto più mirato ed efficace.

Achille Sana, ex preside della scuola secondaria di primo grado e dei licei del Collegio Sant'Alessandro di Bergamo
Mentre scrivevo il mio libro, purtroppo è deceduto dopo una lunga e devastante malattia: lo ringrazio di cuore per la sua incisiva

personalità, per la sua valorizzazione del mio lavoro e per le sue brillanti battute di incoraggiamento.

Riporto solo due frasi che mi aveva scritto, in un periodo non facile, per stimolarmi a continuare.
"Caro Davide ti ringrazio della sensibilità, della discrezione e della passione con cui svolgi il tuo incarico nella scuola… Apprezzo in particolare il tuo progetto di orientamento che precisa molte caratteristiche personali di ogni alunno. Anche i genitori potranno trarne spunto per conoscere meglio i loro figli".

Alcune proposte di esercitazione

"È la tua anima che devi cambiare, non il cielo sotto cui vivi." (Seneca)

Le esercitazioni seguenti possono essere di aiuto per allargare e sperimentare nuove possibilità e prendere consapevolezza delle proprie risorse; possono essere eseguite dagli adulti (prima!) e poi suggerite ai figli; possono essere proposte, con gli opportuni adattamenti, a gruppi di alunni in ambito scolastico.

Per ampliarne la fruibilità, non preciso gli obiettivi da raggiungere: prima esegui, divertiti, esercitati; dopo scoprirai da solo/a cosa hai ottenuto, cosa hai scoperto tu, al di là di quello che mi sono proposto io. Sono esercitazioni che non costano niente e che necessitano di un investimento esiguo di tempo. Penso ti possano offrire informazioni preziose: su di te, su coloro che conosci o che non conosci ancora appieno. Qui specifico alcune proposte tra le varie centinaia che conosco e che ho applicato nella mia attività.

Il curriculum per te stesso. Per descrivere se stessi si utilizzano spesso termini limitati ai soliti luoghi comuni, perciò prova a definirti senza specificare professione, ruolo, né ciò che fai: evidenzia soltanto chi sei e come sei. Cerca di essere preciso, concreto, senza ricorrere a parole troppo generiche (tipo "sono simpatico"). Scrivi i successi, ma anche gli errori commessi. Poi poniti le seguenti domande: "Come sono riuscito a far bene? Quali risorse e modalità ho messo in campo? Gli errori cosa mi hanno fatto imparare specificamente?".

Sii libero, è il curriculum che presenti a te stesso, non a qualcun altro. Devi farti "assumere" da te stesso, non da qualcun altro. Fai un vero inventario di te stesso: ciò ti permetterà di conoscerti più in profondità, oltre i soliti schemi. Ricorda che il primato è di una coscienza allargata, ed è la tua coscienza.

Identikit positivo. Prova a chiedere a tuo figlio/a cosa gli/le piace di più di se stesso/a. Esprimi a tuo figlio/a cosa ti piace di più di lui/lei: trova tempo e modalità. Suggerisci a tuo figlio/a di chiedere all'insegnante con cui comunica meglio, al di là della materia insegnata, di esplicitargli/le almeno una qualità come alunno/a.

Suggerisci a tuo figlio/a di chiedere all'allenatore dell'attività che pratica nel tempo libero almeno una qualità come praticante. Suggerisci a tuo figlio/a di chiedere a un amico/a almeno una caratteristica positiva di se stesso/a. E potresti aggiungere altre persone significative e incoraggiare il figlio/a a essere consapevole di possibili pregi che da solo/a non nota.

Diario/repertorio dei progressi. Parecchie persone migliorano ma non ci fanno caso, lo danno per scontato, perciò tieni nota periodicamente dei progressi realizzati, preferibilmente ogni settimana. Comincia da te come genitore, come uomo o donna; in seguito puoi sollecitare tuo figlio/a a fare la stessa cosa. Scrivi il tutto in modo agile, sintetico e preciso in modo che tu non abbia l'alibi del "non ho tempo". Se ne scrivi anche solo uno a settimana, sono già cinquantadue in un anno e occupano poco spazio e tempo di scrittura.

Non sarebbe bello se tu leggessi, ogni tanto, qualcosa del tuo diario/repertorio a uno o più componenti della famiglia? Ricorda che pure gli aspetti minimi sono importanti, nella professione e nelle varie attività le sfumature evidenziano esperienza e padronanza. Puoi riscrivere un progresso che si ripete: indica tenuta e costanza riguardo a quell'aspetto. Talora un progresso potrebbe non essere del tutto soddisfacente, ma è pur sempre un progresso (per esempio, passare dal 4 al 5,5 non è certo piacevole, ma è comunque un progresso da rilevare per poi andare avanti).

I miei semplici obiettivi. Scrivi semplici obiettivi da perseguire, però indica una data precisa in cui li raggiungerai. Cerca di scriverli con precisione e tienili ben presenti ogni giorno. Soprattutto agisci!

L'impensato, il mai fatto. Sperimenta cose, idee, attività che hai sempre escluso dai tuoi orizzonti o che hai sempre pensato (solo pensato!) non ti possano piacere granché. Comincia a sperimentarne qualcuna: per esempio, leggere un libro su un argomento sconosciuto, vedere una nuova tipologia di film, sentire una musica diversa, praticare una semplice attività ludica o ricreativa mai ipotizzata, ecc. Registra le azioni che farai, cosa cambia nel tuo corpo e nella tua mente, nelle tue espressioni, nei tuoi pensieri, nelle tue emozioni. Verifica se è cambiata la tua consapevolezza, se hai imparato qualcosa di diverso o hai conosciuto qualche persona interessante. Prendi nota di ogni variazione possibile.

Lavorare col negativo, con le ombre del passato. Scrivi (scrivi!) qualche aspetto di te stesso/a che non ti piace, che ti dà fastidio. Sceglilne uno e comincia a lavorarci: prova a entrarci dentro in modo ludico, quasi come un gioco di ruolo teatrale. Scegli la modalità espressiva che preferisci, ce ne sono di vario tipo. Abbi la forza di farlo: se tieni dentro qualcosa di spiacevole, che tu lo voglia o no, questo continua ad agire dentro di te e si accumula con altri residui del passato. Domandati: "Cosa posso fare, cosa decido di fare per liberarmi di questo peso oppure per alleggerirlo? Voglio eventualmente confrontarmi con una persona di mia fiducia per verificare se esistano altri punti di vista per affrontare la situazione?".

Ricorda: il passato è la nostra spina dorsale, ma non racchiude la nostra identità, possiamo essere grati per il fatto che siamo dove siamo, che siamo arrivati nel presente, ma non siamo costretti a tenere il passato come una palla al piede. Anzi possiamo continuare ad aprirci verso orizzonti che il futuro ci invita a raggiungere. Perdoniamoci e perdoniamo il nostro passato, compresi eventuali errori. Connettiamoci con persone stimolanti e assorbiamo energia dal cosmo che ci circonda.

Lo zoo in... famiglia! Ogni componente della famiglia annota un animale che istintivamente gli/le piace, nel quale si identifica, senza farlo sapere agli altri. Poi associa un animale a ogni componente della famiglia, quello che ognuno sente che più rappresenta l'altro/a. In seguito "si scoprono le carte" e si cercano di verbalizzare motivi, sensazioni, suggestioni legate ai vari abbinamenti. Lo stesso si può fare partendo anche da una pianta, da un fiore o da un oggetto. Ci possono essere scoperte e sensazioni interessanti su come ti percepisci e sei percepito!

La tua più grande conquista personale! Scrivi l'acquisizione che nel corso della tua esistenza ti ha dato più gratificazione, che hai sentito dentro di te in modo estremamente soddisfacente. Solo dopo, eventualmente, scrivi la seconda e la terza in graduatoria. Cosa ti suggeriscono? Come puoi condividerle con chi ti è vicino? Cerca di raccontarle nella modalità narrativa e artistica che ti è più congeniale, in modo che sia visibile, documentata.

Lasciati imitare! Calati nella parte di tuo padre, tua madre, tuo figlio/a, tuo marito/moglie, il tuo compagno/a ecc. mentre sono immersi in una situazione specifica. Per esempio: la madre/il padre che brontola per il figlio che non studia; un insegnante che interroga il saputello che sa tutto o, al contrario, chi è preso dall'ansia o sa poco o niente; un ragazzo/a che racconta qualcosa di noioso o qualcosa di entusiasmante; oppure altre situazioni a piacere.

L'importante è che chi è imitato sia presente mentre viene imitato, sempre con rispetto e con sana leggerezza. Verifica: quale parte ti è più difficile da rappresentare? Cosa cambia in te rispetto a postura, voce, mimica, eloquio? Che impressione riceve l'interessato che imiti? Divertiti a rappresentare parti piacevoli e ruoli drammatici, imparerai molte cose su di te e su chi ti sta vicino.

Prova a porti periodicamente anche queste domande:
- Cosa provi quando fai...? Non cosa pensi o cosa ragioni, ma cosa provi!
- Come potresti descrivere il tuo vissuto?
- Cosa di preciso ti impedisce di fare...?

- Che vantaggio ti porta un certo comportamento?
- A che ti servirà un determinato comportamento fra cinque, dieci o quindici anni? (Allungamento di prospettiva)
- Cosa è veramente importante per me?
- In un conflitto preferisco incaponirmi per avere ragione, logorandomi, oppure lasciar perdere ed essere felice?
- Chi pensi sia più penalizzato dal tuo comportamento?
- Che conseguenze catastrofiche ci sarebbero, di preciso, se facessi quella cosa che ti dà fastidio, che ti fa paura?
- Mi vuoi dare una mano ad aiutarti? Mi dai una mano per aiutarmi? (Aiuta e chiedi aiuto)
- Cosa ho fatto quando avevo l'età di mio figlio/a di fronte a una situazione simile?
- Cosa farei io se fossi nei suoi panni?
- Che alternative specifiche offro per affrontare un dato problema?

Decalogo allargato del buon educatore e formatore

1. Semplificare, non complicare ulteriormente questioni già di per sé complesse. Vanno tagliati tanti aspetti secondari o inutili per andare all'essenza, ai nuclei fondamentali: questi hanno bisogno di essere ascoltati in profondità. "Quello che non si può dire in poche parole, non lo si può dire neanche in molte", recita un detto cinese.

2. Allargare prospettive, aprirsi. Bisogna andare oltre i soliti confini, le solite strategie e metodologie. Per prendersi cura dei sintomi, dei disturbi, vanno ascoltate e potenziate le parti positive di ognuno, le parti sane; va ascoltato l'organismo nella sua totalità, integralmente, in un contesto largo.

Ogni persona è un insieme complesso, non capita mai che un elemento sia disconnesso dall'insieme. Se sembra disconnesso è perché non si è osservato bene e si deve acuire l'osservazione. "Se sai già tutte le risposte, è perché non ti sei fatto tutte le domande", ha affermato Confucio. Se si vuole intervenire efficacemente, occorre allargare il campo d'azione, ampliare i punti di vista, immaginare oltre lo scontato prevedibile. Serve prendersi cura anche del contesto in cui si vive e quel contesto cercare di allargarlo. L'azione sarà certamente più impegnativa, ma risulterà più incisiva.

Il cosmo è una rete di connessioni sempre in evoluzione, mai statiche. Come è possibile apprendere veramente in modo prevalentemente statico, rigido e chiuso? Dobbiamo consentirci di sperimentare, di desiderare nuove esplorazioni, anche delle nostre zone ancora ignote. Conoscere se stessi in modo "largo" fa sentire veramente liberi: il primato è di una coscienza allargata.

3. Sviluppare l'intelligenza emotiva, la compartecipazione emotiva. Noi siamo quello che pensiamo, ma siamo anche quello che sentiamo. La condivisione di cuore delle emozioni e dei sentimenti con i nostri simili è un importante fattore di crescita personale. Tutto ciò motiva, dà entusiasmo e stimola le competenze. Non sono le competenze che stimolano amore e passione, ma sono amore e passione che stimolano capacità e spinta a eccellere.

4. Potenziare l'intelligenza sociale, il sentimento sociale. La storia non viene fatta solo dall'individuo, ma anche dal gruppo, dalla comunità. Se qualcuno arriva al traguardo è perché molti altri hanno contribuito. Un detto popolare precisa: "La croce di un campanile è sorretta da numerose pietre". Marco Aurelio scriveva: "Ciò che non è utile e non fa bene allo sciame, non fa bene né è utile all'ape", e Alfred Adler affermava: "Il sentimento sociale è il barometro della normalità".

5. Agire, sperimentare con progetti concreti. Servono a poco le dichiarazioni di intenti, le enunciazioni morali o di principio. C'è un sapere da apprendere, ma soprattutto c'è un sapere da produrre, che si incarna in modo puntuale e specifico.

6. Non chiedere agli altri quello che non si è disposti a fare personalmente. Prima di far sapere, far apprendere e far fare qualcosa a qualcuno, bisogna essere; essere un modello di riferimento, almeno per un aspetto positivo. Si insegna grazie a chi si è, non a quello che si dice. I figli, gli alunni imitano gli adulti per quello che sono, più che per quello che dicono o fanno.

7. **L'apprendimento non è solo pensare qualcosa (contenuti, materie, discipline), ma soprattutto *come* pensare.** Prima di far lavorare, va insegnato come lavorare.

8. **Le competenze si valutano in tanti modi e in molteplici occasioni, in relazione alle intelligenze multiple.** Non bisogna limitarsi allo schema ristretto della valutazione "scritto-orale", tanto più se con verifiche esclusivamente a quiz, ma aprirsi ad altre modalità di valutazione.

9. **La valutazione dell'apprendimento non può essere una questione esclusivamente individuale, dato che l'intelligenza è una costruzione sociale.** Va data adeguata importanza e vanno precisate specifiche modalità per valutare l'intelligenza sociale dell'alunno e l'intelligenza del gruppo. Il sapere, più che trasmissione e fredda classificazione, è uno scambio con discussione, con rapporto interpersonale, con confronto dialogico. Anche nel curriculum va dato rilievo al lavoro di gruppo. Il

successo e l'insuccesso non sono riferibili esclusivamente all'individuo; il lavoro di squadra rappresenta un fattore decisivo di valutazione.

10. L'educazione è arte. Le molteplici metodologie artistiche sono parte integrante dell'educazione e incentivano la creatività, senza incasellamenti rigidi e norme penalizzanti. L'arte è fonte di meraviglie, distributrice di stupore. Non siamo nati per calcare impronte altrui e per conformarci, ma per lasciare il nostro segno unico e irripetibile.

11. Occorre passare dalla diagnosi degli errori alla diagnosi dei progressi, delle evoluzioni positive, delle conquiste. Ciò vale dal punto di vista personale, familiare e sociale. Vanno, quindi, programmate valutazioni più per premiare che per cercare errori. Quando si verifica un errore, va focalizzato cosa l'errore può insegnare e come, nello specifico, non debba essere ripetuto.

12. Va abbandonato un linguaggio che etichetta, che chiude dentro schemi troppo rigidi. Una diagnosi troppo ristretta, centrata solo sul disturbo e sui problemi, spesso chiude le prospettive di crescita, non stimola a cambiare e a evolvere, nonostante tutto. Per esempio, possiamo usare non "caso particolare", ma "situazione individuale specifica". Tra l'altro, la precisione diagnostica non è indice necessariamente di precisione prognostica. Non raramente a identiche diagnosi si accompagnano percorsi prognostici molto diversi. Molti geni o personaggi famosi hanno addirittura utilizzato creativamente taluni loro tratti marcatamente patologici.

Cara lettrice e caro lettore, ovviamente potrai aggiungere altri punti personali.
Se me li comunicherai, aggiornerò e amplierò volentieri il decalogo… allargato.

Conclusione: Nonostante!

"La pazienza è l'arte di sperare." (Luc de Clapiers)
"La pazienza non conosce né l'indifferenza né l'abbandono. Presuppone invece forza e fiducia." (Louis Lavelle)

Chi non si è mai sentito piccolo di fronte all'impegno educativo? C'è qualcuno che forse non ha provato scoraggiamento quando si è imbattuto in difficoltà di ogni tipo?
Lacci, legacci e vincoli: burocratici, organizzativi, di tempo, logistici; impatti impegnativi con personalità variegate di alunni; situazioni familiari complesse e contesti culturali differenti. In certi momenti possono aggiungersi incomprensioni, svalorizzazioni del lavoro effettuato.

Si odono frasi ricorrenti: "Ma a che serve?"; "Tanto chi riconosce il mio lavoro, i miei sforzi?"; "Tanto non vale la pena!"; "Chi me lo fa fare?"; "Tanto gli altri non capiscono!"; "Perché dannarsi?

Lui/lei non capirà mai!". Dilemmi, delusioni, ambivalenze, frustrazioni, sospetti, scoraggiamenti, arrabbiature.

Nonostante ciò, è possibile che il mondo educativo riconosca concretamente e mantenga la memoria di speranze, di gratificazioni, di gioie, di passioni educative per far crescere il positivo? Altrimenti come è possibile costruire una scuola per il futuro e stimolare lo sviluppo delle qualità degli alunni per progettare la loro vita? Non è il tempo della resa ma dei progetti, della ricerca di prospettive: abbiamo dentro di noi paure e angosce profonde, ma anche insondabili e incredibili risorse.

Un medico rianimatore di Sondalo ha affermato dopo la morte di Ambrogio Fogar, tetraplegico per gli ultimi tredici anni della sua vita dopo un'esistenza colma di avventure in tutto il mondo: "Ambrogio ha trovato delle risorse interiori che neppure lui sapeva di avere". Lo stesso Fogar si è espresso così in un'intervista: "Nessun destino può incatenarmi l'anima, il sogno, la fantasia".

In numerose occasioni ho constatato che molte persone hanno riscoperto qualcosa che non sapevano o non credevano di possedere. Ho sentito spesso frasi del tipo: "Non pensavo! Non credevo! Chi l'avrebbe detto! Caspita, però ce l'ho fatta!".
La speranza è un aggancio con le possibilità reali del presente.
Una poesia di Mahmoud Darwish termina così: "Sono nato per il sole che sorge, non per quello che tramonta".
Una bella scommessa anche per la scuola: progettare il futuro e per il futuro.
Nonostante!

Ringraziamenti

Questo libro è nato con il contributo di molte persone che hanno creduto in me e mi hanno sostenuto personalmente e professionalmente: le ringrazio di cuore, senza nominarle tutte. Le contatterò una a una per consegnar loro, con molta commozione, una copia del mio libro. Il libro è anche merito loro.
Ringrazio anche chi mi ha osteggiato o discomunicato nel mio lavoro perchè mi ha stimolato a migliorare.

Ringrazio Giacomo Bruno e il suo efficiente staff: in varia misura ognuno ha contribuito ad allargare il mio cervello, che ha attivato molte sinapsi nuove ed entusiasmanti.
Infine, il cuore del ringraziamento va alle migliaia di bambini e ragazzi che ho conosciuto: loro sono stati il carburante della mia professione! A loro auguro di avere sempre un buon cervello... largo!
Cara lettrice, caro lettore, ti ringrazio di aver letto il mio scritto. Pensa, emozionati, decidi e agisci con orizzonti aperti!

Se vorrai approfondire alcuni aspetti o esercitazioni che ti ho presentato nel libro contattami alla mia e-mail:

allargacervelli@gmail.com

Facebook: Davide Pagnoncelli Psicoterapeuta

Telegram: @Allargacervelli

=====

Davide Pagnoncelli è Psicologo, si è specializzato in Psicoterapia, si è formato in Teatroterapia con un percorso teorico-pratico triennale e in Arteterapia con la sperimentazione di metodiche creative di costruzione e decostruzione di un testo e di fototerapia. Oltre all'attività clinica, opera nell'ambito della psicologia scolastica. In particolare, da parecchi anni è responsabile di un Servizio Psicologico significativamente strutturato per operare con continuità a vari livelli (alunni, genitori, personale scolastico) con interventi individuali, di piccolo gruppo e di classe; vari progetti innovativi sono già stati realizzati per gli alunni e per le famiglie.

www.ingramcontent.com/pod-product-compliance
Lightning Source LLC
Chambersburg PA
CBHW060519090426
42735CB00011B/2297